ROLANDO TAVOLIERI

L'AMORE IN 9 DOMANDE

Come Comunicare Con il Proprio Partner e Risolvere i Conflitti Di Coppia Grazie Alle Domande Potenzianti

Titolo

"L'AMORE IN 9 DOMANDE"

Autore

Rolando Tavolieri

Editore

Bruno Editore

Sito internet

http://www.brunoeditore.it

Sommario

Introduzione

A cosa servono le domande?

Mentre stai leggendo questo ebook puoi chiederti: "ma come possono le domande aiutare a risolvere un conflitto di coppia?" E' una osservazione lecita e cercherò di risponderti subito.

Hai mai pensato a cosa possono servire le domande?

Certo dipende dal tipo di domande che ti poni, ce ne sono di diverso tipo: quelle che ti permettono di riflettere su qualcosa, quelle che ti aiutano a fare delle ipotesi, quelle per trovare una soluzione che stavi cercando, o per chiarire qualcosa a te stesso, per soddisfare una curiosità che avevi, ed altro ancora.

Le domande quindi possono servire a tante cose, ma ci sono delle domande che in pnl (programmazione neuro linguistica), che è quella branca della psicologia fondata da Richard Bandler e John Grinder che serve ad aiutare le persone a raggiungere l'eccellenza a tutti i livelli, le domande essenziali si dividono in due categorie ben precise:

- Le **domande "potenzianti"**, che sono quelle **domande costruttive ed utili** che ti danno potere nel senso che ti aiutano a

Risolvere una situazione difficile, a Trovare una Soluzione che cercavi, a Superare un conflitto, a Migliorare i tuoi Stati d'Animo ed altro ancora.

- Le "**domande limitanti**" che sono quelle domande distruttive ed inutili che ti tolgono potere, perché ti bloccano, generano disappunto e sofferenza e quindi ti limitano anziché aiutarti.

Alcuni dicono che la qualità della nostra vita dipende anche dalla qualità delle domande che ci facciamo: le domande di qualità ti aiuteranno ad avere una vita Migliore.

Quando ti poni delle domande, la tua mente reagisce in modo spontaneo ed automatico, come un computer, cercando di trovare quella particolare risposta che stavi cercando.

Caratteristiche delle domande

Un aspetto importante su cui voglio farti riflettere che riguardano tutte le domande è che:

le domande focalizzano la tua attenzione verso qualcosa

infatti ogni volta che ti chiedi qualcosa, la tua attenzione viene diretta subito verso ciò che stai cercando.

Adesso invece immaginati di trovarti al lavoro nella tua stanza e mentre sei concentrato a scrivere qualcosa, all'improvviso entra un tuo amico per rivolgerti una domanda, in quel momento la tua attenzione verrà spostata molto velocemente dal lavoro che stavi svolgendo verso la ricerca della risposta da dare, in questo caso le domande possono spostare la tua attenzione da un argomento ad un altro in un battibaleno, quindi la seconda caratteristica delle domande è questa:

le domande spostano la tua attenzione

Adesso invece immaginati di trovarti nella tua stanza da solo e cominci a pensare alle esperienze recenti che ti sono capitate ed a chiederti ad esempio: "perché quel mio collega di lavoro mi ha fatto questo?" o "perché quel mio amico ieri mi ha trattato male?", queste domande dirigono la tua attenzione su ciò che è accaduto da poco e ti fanno ricordare delle brutte vicende che hai vissuto generando in te disappunto, fastidio, tristezza o rabbia. Cos'è accaduto? È accaduto che queste domande che ti ponevi hanno creato in te queste emozioni negative e dannose.

Immagina invece se tu in quel momento ti fossi domandato: "come posso fare per ringraziare quel mio caro amico che mi ha dato una mano a risolvere una difficoltà?" oppure "che regalo posso comprare alla mia ragazza?" In quel momento la tua attenzione verrebbe focalizzata sulle belle esperienze che hai col tuo amico o con la tua donna, in quel caso avresti sicuramente sorriso, sentiresti felicità, entusiasmo, affetto verso di loro mentre cerchi la risposta da uno stato d'animo bello, positivo ed entusiasmante.

In questi casi cosa è accaduto? Semplicemente che le domande che ti eri fatto avevano generato in te degli stati d'animo particolari: negativi nel primo caso e positivi nel secondo caso.

La terza caratteristica delle domande è quindi questa:

le domande cambiano i tuoi stati d'animo

Allo stesso modo se tu ti chiedi cosa c'è di bello e di positivo nella tua vita, accederai a quelle emozioni positive ed entusiasmanti che ti trasmette questa domanda, mentre se ti chiedi perché ti sono successe quelle brutte esperienze, accederai tuo malgrado ad emozioni negative e dannose.

Come ti ho detto prima, esistono 2 tipi di domande in pnl:

- Le **domande potenzianti** (che sono quelle costruttive, produttive, efficaci)
- Le **domande limitanti** (che sono quelle distruttive, improduttive e non efficaci)

Le "Domande potenzianti" di solito iniziano con "**Come**" o con "**Cosa**", ad esempio ecco alcuni tipi di domande potenzianti che ti puoi fare quando ti trovi in difficoltà:

- **Come posso** rimediare a questo errore?
- **Come posso** Trovare una Soluzione a questa difficoltà?
- **Cosa posso** fare per dare il Meglio di me in ogni settore della mia vita?
- **Su cosa devo** concentrarmi per Risolvere questo problema?
- **Di cosa ho bisogno** per essere felice?
- **Come** posso Vincere l'ansia o una paura?
- **Come** posso risolvere questa situazione?
- **Cosa** posso fare per trovare al più presto un lavoro?

Questi tipi di domande hanno una "Caratteristica" particolare:

"Le domande potenzianti focalizzano l'attenzione verso il Risultato."

Infatti quando ti chiedi "Cosa devo dire per essere ascoltato?" in quel momento la tua mente sarà diretta subito verso la Soluzione che vuoi trovare, cercando dentro di te le risposte più adatte per raggiungere il tuo obiettivo.

Nel momento in cui ti stai facendo delle domande potenzianti, queste, dirigendo la tua attenzione verso il risultato di ciò che stai cercando, attiveranno subito tutte le tue risorse interiori per trovare la giusta risposta, ok? Quindi:

Le domande potenzianti ti permettono di accedere alle tue "Risorse personali"

Invece le domande limitanti, cioè quelle che ti limitano e che non ti permettono di dare il meglio di te, focalizzano l'attenzione verso il problema che vuoi risolvere, e di solito iniziano con "perchè".

Infatti quando ti trovi in difficoltà, se ti poni erroneamente le seguenti domande limitanti:

- Perché succedono tutte a me?
- Perché devo stare così male?
- Perché sono bloccato in mezzo al traffico?
- Perché non riesco a trovare lavoro?

potrai notare come queste domande limitanti spostano l'attenzione verso il problema, e non verso la soluzione come quelle precedenti, ecco perché si chiamano "limitanti".

"Le domande limitanti focalizzano l'attenzione verso il problema."

Tornando alle "domande potenzianti", queste posseggono altre caratteristiche importanti:

- Ti aiutano ad entrare nello Specifico di una situazione
- Ti stimolano a Trovare la Soluzione di un problema
- Ti offrono nuove possibilità di Scelta
- Possono aiutarti a raccogliere infinite Informazioni
- Possono cambiare la tua fisiologia (perché legata agli stati d'animo)
- Possono cambiare i tuoi modi di pensare (facendoti riflettere su

qualcosa in particolare)

Dopo questa premessa puoi farti un'idea su come puoi utilizzare al meglio le domande per risolvere le difficoltà della tua vita e per mettere a posto le divergenze che puoi avere col tuo partner.

In questo ebook parliamo in particolare di "conflitti di coppia", quindi iniziamo ad identificare le 9 domande potenzianti che possono esserti d'aiuto per Risolvere i conflitti che puoi avere col tuo partner, vediamole assieme.

Le domande in generale focalizzano la tua attenzione verso qualcosa, la spostano da un oggetto ad un altro o da un argomento ad un altro e cambiano i tuoi stati d'animo. Le domande potenzianti focalizzano l'attenzione verso il Risultato e di conseguenza ti permettono di accedere alle tue "Risorse personali". Le domande limitanti invece focalizzano l'attenzione verso il problema.

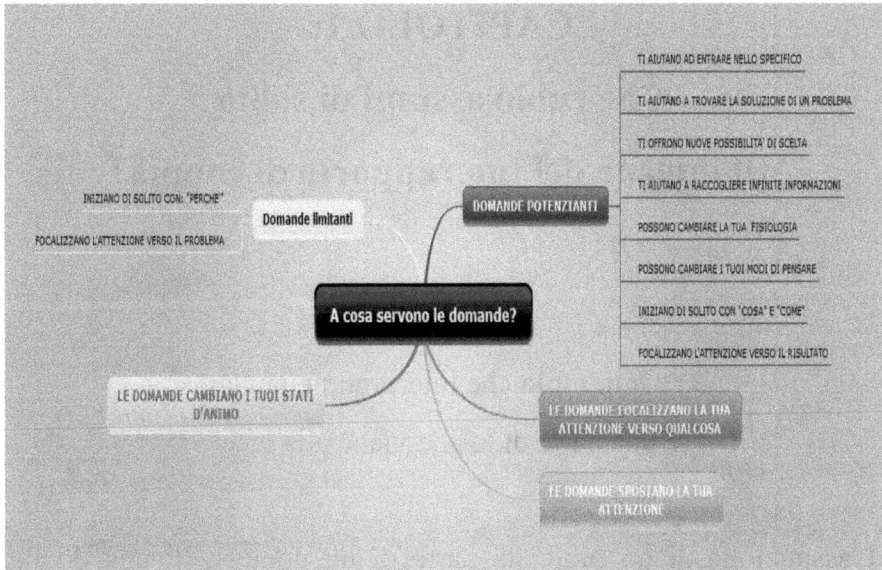

Mappa: A cosa servono le domande?

- **Domande limitanti**
  - INIZIANO DI SOLITO CON: "PERCHE"
  - FOCALIZZANO L'ATTENZIONE VERSO IL PROBLEMA
- **DOMANDE POTENZIANTI**
  - TI AIUTANO AD ENTRARE NELLO SPECIFICO
  - TI AIUTANO A TROVARE LA SOLUZIONE DI UN PROBLEMA
  - TI OFFRONO NUOVE POSSIBILITA' DI SCELTA
  - TI AIUTANO A RACCOGLIERE INFINITE INFORMAZIONI
  - POSSONO CAMBIARE LA TUA FISIOLOGIA
  - POSSONO CAMBIARE I TUOI MODI DI PENSARE
  - INIZIANO DI SOLITO CON "COSA" E "COME"
  - FOCALIZZANO L'ATTENZIONE VERSO IL RISULTATO
- LE DOMANDE CAMBIANO I TUOI STATI D'ANIMO
- LE DOMANDE FOCALIZZANO LA TUA ATTENZIONE VERSO QUALCOSA
- LE DOMANDE SPOSTANO LA TUA ATTENZIONE

13

CAPITOLO 1:
Che ruolo assumi di solito
all'interno del tuo rapporto di coppia?

"Ogni ruolo che interpreti nella vita
è una parte di te che viene alla luce"

L'assunzione di un ruolo da parte di un uomo o di una donna all'interno di una relazione può essere molteplice. Ma che cos'è un ruolo?

Il ruolo è la funzione che una persona ha in un determinato ambito e contesto nel quale si trova, il comportamento che assume nei confronti di un'altra persona, quindi anche all'interno di una relazione di coppia l'uomo e la donna assumono un ruolo ben preciso verso il proprio partner.

Affinchè vi sia un equilibrio nel rapporto di coppia, ogni ruolo non deve essere troppo rigido o statico, ma dovrebbe essere flessibile, dinamico, in modo da adattarsi alle varie situazioni ed alle molteplici esperienze che i 2 partner vivono nei vari periodi della loro vita affinchè quel ruolo preciso sia quello più adatto ed efficace in quei momenti.

SEGRETO n. 1: Un ruolo può essere costante o mutare col passare degli anni. Anche tu puoi assumere svariati ruoli verso il tuo compagno o la tua compagna, a seconda delle situazioni in cui venite a trovarvi.

Quando prendi coscienza del ruolo che assumi nei confronti del tuo partner, comprenderai meglio te stessa/o.

Il ruolo che di solito assumi dipende da varie cause:

- dalle tue esperienze passate
- dai modelli culturali del luogo dove hai vissuto e dove vivi
- dalla percezione che hai delle esperienze che stai vivendo
- dal significato che stai dando alle situazioni che vivi

Nel momento in cui assumi un ruolo nei confronti del tuo partner, lui (o lei) reagirà in un certo modo, e queste "azioni e reazioni" formeranno un processo dinamico che se prenderanno una direzione negativa potranno concretizzarsi in un dialogo acceso, in un'incomprensione o in un litigio, se invece prenderanno una direzione positiva, costruttiva, utile ad entrambi i partner, creeranno benessere e serenità alla coppia.

I ruoli che puoi assumere sono tantissimi, ecco qualche esempio:

- **il genitore** (ruolo paterno o materno nei confronti del tuo partner)

- **il bambino** (quando vuoi avere ragione a tutti i costi, quando chiedi il permesso al tuo partner anche per le piccole cose quotidiane o quando piangi e vuoi le sue coccole)

- **l'adulto** (riguarda una persona autonoma, indipendente, responsabile)

- **il salvatore** (colui che dà aiuto, per proteggere e sostenere il partner)

- **il macho** (è il ruolo di seduttore, ricco di fascino e sensualità)

- **la seduttrice** (è il ruolo analogo della donna)

- **il perverso** (quando il piacere di un partner è dato dal disagio e dal dolore psicologico o fisico dell'altro)

- **il manipolatore** (quando si vuole ottenere qualcosa anche ingannando il partner)

- **il despota** (colui che si comporta in modo dominante, severo, drastico, dittatoriale)

- **il missionario o la missionaria** (quando vuoi sacrificarti in ogni situazione per il benessere del tuo partner)

- **il ruolo attivo** (quando sei tu ad agire sempre in ogni situazione)
- **il ruolo passivo** (quando aspetti che i problemi li risolva il tuo partner, o
  quando le decisioni e le scelte le fai prendere sempre a lui o a lei)
- **l'altruista** (quando metti sempre al primo posto il tuo partner e poi te stessa/o)
- **l'egoista** (viceversa quando metti al primo posto te stessa/o e poi il tuo partner)
- **il ruolo maschile** (assumendo tutti o quasi tutti gli atteggiamenti propri dell'uomo)
- **il ruolo femminile** (assumendo tutti o quasi tutti gli atteggiamenti propri della donna)
- ed altri ancora

Il ruolo che tu assumi all'interno del tuo rapporto di coppia, può essere accettato o meno dal tuo partner e viceversa, se viene accolto bene gli darà piacere, soddisfazione e serenità, in questo caso la relazione andrà a gonfie vele, viceversa se il ruolo che stai assumendo all'interno del tuo rapporto di coppia non piace al tuo partner, se gli dà fastidio, se lo considera invadente, negativo, dannoso per la coppia, la relazione avrà delle difficoltà.

La comprensione del tuo ruolo da parte del tuo partner e viceversa può arricchire la vostra relazione, perchè attraverso le vostre interazioni che comprendono scambi e condivisioni di idee, pensieri, opinioni, comportamenti, informazioni, progetti, sogni da realizzare, ed altro ancora, attraverso questa alchimia psicologica ed emotiva in cui sia tu che il tuo partner vi trasformate interiormente giorno dopo giorno, ognuno di voi due può crescere, arricchirsi, migliorarsi e prendere coscienza di sè stesso e dell'altro partner imparando a conoscersi sempre di più.

Adesso rispondi per iscritto a queste domande:

qual è il ruolo che assumi di solito all'interno della tua relazione di coppia? Spiegalo con parole tue

....

....

....

Sei una persona attiva o passiva?

....

....

Tendi ad essere egoista o altruista nella relazione?

....

....

Cerchi un rapporto alla pari o tendi a dominare l'altro/a o ad essere dominato/a?

....

....

Il ruolo che hai di solito verso il tuo partner ti soddisfa?

....

....

Piace al tuo partner?

....

.....

E' utile a tutti e due?

....

.....

Quali sono in pratica i risultati che ottieni assumendo questo ruolo?

....

.....

Vorresti cambiare il ruolo che hai?

....

...

In questo caso che ruolo vorresti avere?

....

C'è qualcosa che ti impedisce di assumere questo nuovo ruolo? In questo caso che cos'è in particolare che ti blocca?

....

....

Qual è il vantaggio secondario che hai nell'assumere il tuo ruolo attuale?

....

....

A seconda di come ti relazioni col tuo partner, puoi creare un'atmosfera bella, piacevole e soddisfacente tra di voi, quindi il ruolo è di grande importanza e può fare la differenza nella qualità della vostra relazione.

L'equilibrio che desideri ottenere nel tuo rapporto di coppia puoi realizzarlo assieme al tuo partner attraverso la vostra capacità di adattare il ruolo che assumete l'uno verso l'altro a seconda delle varie situazioni che vivete: difficoltà da superare, esperienze nuove, decisioni da prendere di volta in volta, imprevisti da affrontare, scelte da prendere, obiettivi da concretizzare.

Adattando giorno dopo giorno il tuo ruolo alle nuove situazioni che ti si presentano, potrai affrontarle meglio, perché un ruolo può essere efficace in una situazione, mentre in un altro contesto è più adatto assumere un ruolo diverso non trovi?

Quando decidi di modificare il tuo ruolo, se si presenta la necessità di farlo perché è più utile e funzionale all'interno della tua relazione, questa scelta ti permetterà di dare un grande contributo al miglioramento del vostro rapporto.

Quando impari ad assumere più ruoli nella tua vita e nei confronti del tuo compagno/a, potrai:

- Sperimentare nuovi comportamenti che non pensavi di poter avere
- Vedere le situazioni da un altro punto di vista
- Prendere coscienza delle tue capacità e delle tue potenzialità
- Risolvere problemi che non riuscivi a risolvere prima
- Attingere alle tue Risorse personali
-

E' importante quindi rompere i copioni cristallizzati e rigidi che non sono sempre utili ed efficaci, rimpiazzandoli con nuovi ruoli che portano benessere ed equilibrio alla coppia.

Quando permetti a te stessa/o di sperimentare nuovi ruoli e quindi nuovi modi di agire e di relazionarti, puoi avviare un "**Processo di Cambiamento**" che può Migliorare la vostra relazione anche perché potrai **gestire meglio nuove situazioni impreviste.**

L'esercizio che ti chiedo di fare è questo: impegnati giorno dopo giorno ad assumere più ruoli a seconda delle situazioni che dovrai affrontare, sii sempre pronto a svolgere un ruolo che più si adatta all'esperienza che stai vivendo in quel momento, così potrai vedere la tua relazione di coppia con occhi diversi e potrai sostenere meglio la tua compagna/o, aiutarla di più, attingere alle tue risorse personali, avere comportamenti più confacenti alla situazione del momento, notare alcune parti di te di cui non eri consapevole, in parole povere: "potrai dare il Meglio di te".

SEGRETO n. 2: Ogni ruolo deve essere flessibile e dinamico per meglio adattarsi alle situazioni.

Ecco cosa devi verificare e domandarti:

- Impara ad assumere il ruolo più adatto alla situazione che stai vivendo
- I ruoli che puoi avere sono molteplici
- Prendi coscienza del ruolo che hai in un determinato momento
- Verifica se il ruolo che hai di solito viene accettato dal tuo partner e viceversa
- Il ruolo che assumi di solito è utile a tutti e due?
- Vuoi cambiare il ruolo che hai di solito o ti piace così com'è?
- Che ruolo vorresti avere?

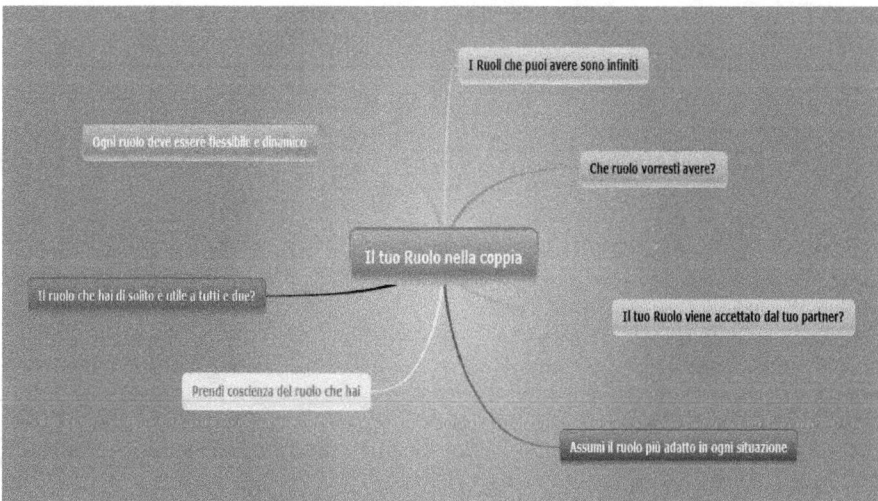

RIEPILOGO DEL CAPITOLO 1:

- SEGRETO n. 1: Un ruolo può essere costante o mutare col passare degli anni. Anche tu puoi assumere svariati ruoli verso il tuo compagno o la tua compagna, a seconda delle situazioni in cui venite a trovarvi.

- SEGRETO n. 2: Ogni ruolo deve essere flessibile e dinamico per meglio adattarsi alle situazioni.

CAPITOLO 2:
Cosa c'è di Bello e di Positivo nel tuo rapporto?

"In ogni persona ed in ogni esperienza c'è un lato Positivo, impara a vederlo anche nel tuo partner e nel vostro rapporto"

Attraverso questa domanda la tua mente viene focalizzata su ciò che c'è di Buono e di Positivo nella tua relazione, ad esempio un aspetto buono può essere il fatto che **puoi sempre contare sulla tua dolce metà** o sulla **fiducia reciproca** che avete instaurato, sul fatto che **avete dei figli**, sulla **sicurezza** che riesce a trasmetterti, sui **progetti** che avete fatto in passato e su quelli che volete realizzare assieme d'ora in poi, sulla possibilità di divertirvi assieme, sul fatto che avete **idee o Valori** simili ed altro ancora.

SEGRETO n. 3: Questa domanda focalizza la tua attenzione sugli aspetti Migliori del tuo partner.

Questa domanda è importante perché nei momenti difficili se dovessi entrare in conflitto col tuo partner, tenderesti a soffermarti sui lati negativi del tuo compagno o della tua compagna, perché in quei momenti di nervosismo e di tensione il tuo partner ti appare solo dal suo lato oscuro, quindi ti viene da pensare solo ai suoi difetti, alle sue debolezze, alle sue parole che ti fanno arrabbiare, agli atteggiamenti poco opportuni che in alcuni momenti può avere, ecc, ma tutto questo è solo una piccola parte del suo essere e del suo modo di comportarsi, evita quindi di generalizzare, inoltre l'immagine che tu hai del tuo partner in quei momenti di rabbia, sconforto, nervosismo, delusione o tristezza, è un'immagine distorta, alterata dai tuoi stati d'animo negativi e quindi non è realistica ma falsata.

SEGRETO n. 4: Quello che a te appare come un aspetto negativo in modo assoluto nel tuo partner, può essere positivo e funzionale in altre circostanze.

Inoltre quello che a te appare come un aspetto negativo nel tuo partner, può essere positivo ed utile in altre circostanze, ad esempio se il tuo partner è una persona testarda, la testardaggine in alcuni contesti particolari può essere utile, o se ritieni che il tuo partner parli troppo poco, questo suo atteggiamento può far risaltare il fatto che lui o lei sia una persona riflessiva e sensibile.

SEGRETO n. 5: I lati negativi che vedi in lui o in lei sono solo una piccola parte del suo modo di essere.

Come vedi ogni aspetto umano è "relativo" a seconda di come si guarda e come si interpreta in un determinato momento, ed è giusto valutarlo da un punto di vista obiettivo e quindi da uno stato d'animo di serenità e di calma, affinchè l'immagine che hai del tuo partner sia la più vicina possibile alla realtà.

Quindi ricordati bene questi punti importanti che risaltano durante un conflitto di coppia:

- – tendi a vedere solo i lati negativi del tuo partner
- – ciò su cui ti soffermi rispetto a lei o a lui è dettato dai tuoi stati d'animo alterati
- – quello che a te appare come un aspetto negativo assoluto nel tuo

  partner, può essere positivo ed utile in altre circostanze
- – ciò che vedi in quei momenti nel tuo partner è solo una piccola parte di tutto il suo essere

•– tendi a generalizzare e ad amplificare i suoi lati negativi

Dopo aver fatto le dovute riflessioni su questo, se dovessi rivalutare l'immagine del tuo compagno o della tua compagna, vedresti solo i lati negativi o anche quelli positivi? È cambiato qualcosa nella tua valutazione?

Scrivi un elenco con **10 aspetti Positivi** che vedi nel tuo partner e nella relazione che hai con lui/lei, hai tutto il tempo che vuoi per trovarli:

1..
....
2..
....
3..
....
4..
....
5..
....

6...
....
7...
....
8...
....
9...
....
10..
....

Hai scritto? Bene, dopo questo elenco che hai descritto in modo dettagliato, come è cambiata l'immagine che hai del tuo partner? E' ancora la persona negativa e piena di difetti che vedevi prima o l'immagine che hai adesso di lui/lei è più chiara, completa ed obiettiva?

Ricordati di percepire e valutare il tuo partner a 360 gradi e sempre da uno stato d'animo di serenità e di calma altrimenti l'immagine che avrai di lui o di lei sarà distorta ed incompleta.

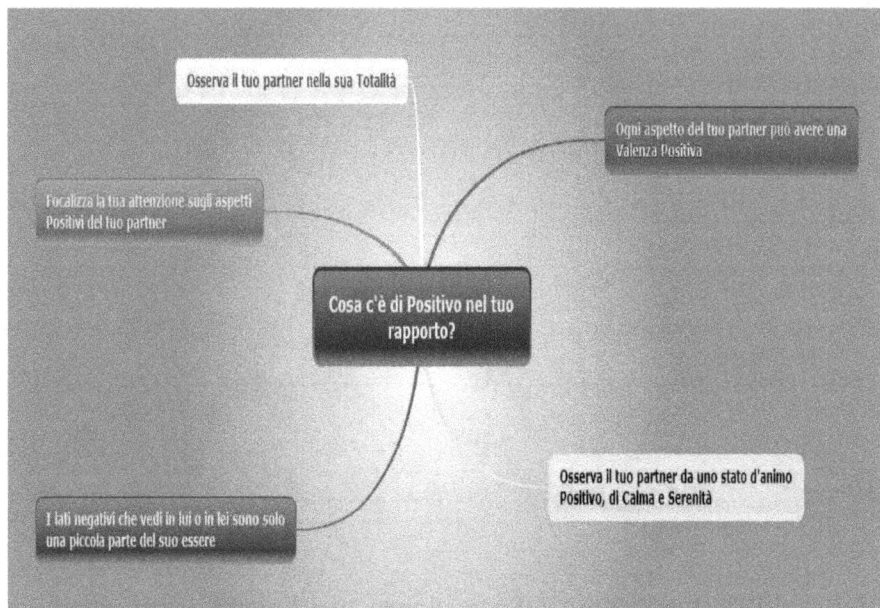

SEGRETO n. 6: Valuta il tuo partner sempre da uno stato d'animo di Serenità e di Calma affinchè la tua valutazione sia la più obiettiva possibile.

RIEPILOGO DEL CAPITOLO 2:

- SEGRETO n. 3: Questa domanda focalizza la tua attenzione sugli aspetti Migliori del tuo partner.

- SEGRETO n. 4: Quello che a te appare come un aspetto negativo in modo assoluto nel tuo partner, può essere positivo e funzionale in altre circostanze.

- SEGRETO n. 5: I lati negativi che vedi in lui o in lei sono solo una piccola parte del suo modo di essere.

- SEGRETO n. 6: Valuta il tuo partner sempre da uno stato d'animo di Serenità e di Calma affinchè la tua valutazione sia la più obiettiva possibile.

CAPITOLO 3:

Quali lezioni hai imparato
dalla relazione col tuo partner?

"Se scrivi ogni lezione che apprendi ciascun giorno dalla vita avrai un bagaglio di conoscenze inestimabile"

Hai mai pensato a tutto quello che hai imparato sino ad oggi dalle esperienze piacevoli e spiacevoli che hai vissuto assieme al tuo partner?

SEGRETO n. 7: puoi apprendere sempre qualcosa sia dalle vicende entusiasmanti della tua vita di coppia, che da quelle poco piacevoli, imprevedibili o addirittura dolorose.

Dopo aver preso coscienza di questo, ti invito ad utilizzare tutto ciò che hai appreso sino ad oggi e ad utilizzarlo in futuro per prevenire eventuali conflitti tutelando così la vostra serenità di coppia.

La prima cosa che ti invito a fare è quella di elencare 10 esperienze piacevoli e poi 10 esperienze dolorose che hai vissuto durante la tua relazione di coppia:

Scrivi 10 esperienze piacevoli ed entusiasmanti che hai vissuto durante la tua relazione di coppia:

1...
....

2...
....

3...
....

4...
....

5...
....

6...
....

7...
....

8...

....

9...

....

10...

....

Ora scrivi 10 esperienze dolorose e toccanti che hai vissuto all'interno del tuo rapporto di coppia:

1...

....

2...

....

3...

....

4...

....

5...

....

6...

....

7..

....

8..

....

9..

....

10..

....

Benissimo, dopo aver completato quest'elenco di esperienze entusiasmanti e dolorose, scrivi ora tutto ciò che hai imparato da ogni singola esperienza che hai scritto ed elencato.

Ad esempio dalle tue esperienze personali che hai vissuto puoi aver imparato che:

- è importante **gestire le proprie emozioni** durante una discussione
- **non si finisce mai di conoscere bene** la tua donna o il tuo uomo
- **puoi contare sempre su di lei o su di lui** qualsiasi cosa accada
- **i sentimenti possono cambiare o aumentare** dopo tanti anni
- deve esserci sempre un margine di **libertà personale** all'interno

del rapporto di coppia

- quando **ammetti i tuoi errori** ogni contrasto si risolve magicamente
- **il rispetto reciproco delle proprie idee e delle proprie regole** di vita sono due basi importanti in una relazione
- **perdonare il tuo partner** quando commette qualcosa di spiacevole è importante e liberatorio
- **credere in qualcosa di profondo vi unisce più che mai**

Questi sono solo alcuni esempi di ciò che puoi aver appreso dalle esperienze che hai vissuto con la tua dolce metà, ora **scrivi almeno 10 lezioni che hai imparato dalle esperienze piacevoli e spiacevoli che hai vissuto nel tuo rapporto di coppia:**

1..
....

2..
....

3..
....

4..

....

5...

....

6...

....

7...

....

8...

....

9...

....

10

....

....

Dopo aver scritto almeno 10 insegnamenti che hai imparato dal tuo rapporto di coppia (puoi scriverne anche di più se lo desideri), descrivi dopo **"Come"** queste lezioni che hai appreso possono risultarti utili d'ora in poi per **"prevenire" dei conflitti** col tuo partner e quindi "come" puoi metterli in pratica da oggi in poi.

Ecco alcuni esempi:

se una delle lezioni che hai scritto è "<u>non devo farmi trasportare dalla rabbia</u>", durante la prossima discussione che puoi avere col tuo partner devi imparare a controllare le tue emozioni e gestirle meglio, per prevenire eventuali litigi futuri col tuo compagno o con la tua compagna.

<u>Se fino ad oggi sei stata una persona gelosa e possessiva</u> nei confronti del tuo partner e questo atteggiamento ha generato dei duri conflitti di coppia, analizza "**cosa**" in particolare ti ha portato ad essere gelosa e possessiva e cerca di superare questa condizione per evitare che il circolo vizioso si ripeta.

<u>Se durante una discussione col tuo partner ti rivolgi a lei/lui con arroganza</u> o prendendolo in giro o rinfacciandogli errori del passato, ricordati di evitare dei comportamenti di questo tipo anche in futuro se non vuoi mettere in crisi il tuo rapporto.

SEGRETO n. 8: il primo passo è quello di prendere coscienza di come ti relazioni nei confronti del tuo compagno/a, poi cosa hai imparato da questo tuo atteggiamento e dalle reazioni del partner e dopo spiega "come" questa lezione che hai appreso può esserti utile in futuro per Migliorare la vostra relazione.

Ricordati che il "Cambiamento" che puoi generare in un "sistema" puoi farlo anche cambiando "una parte" del sistema stesso.

Nel tuo caso prova a considerare la coppia formata da te e dalla tua dolce metà come un "sistema", e le vostre singole azioni ed i vostri singoli comportamenti come delle "parti" di questo sistema, seguendo l'esempio che ho fatto prima se tu modifichi una tua azione, un tuo comportamento, un tuo atteggiamento o un tuo modo di comunicare nei confronti del tuo partner all'interno del "sistema coppia", cambierai tutto il sistema e di conseguenza cambierà o per meglio dire Migliorerà la relazione che stai vivendo col tuo compagno o con la tua compagna.

SEGRETO n. 9: sei proprio tu che in modo attivo puoi creare questo cambiamento lasciandoti guidare da ciò che hai imparato sino ad oggi dalle tue esperienze con lui o con lei.

Allo stesso tempo ricordati e fai risaltare nei minimi particolari soprattutto i lati Positivi che hanno permesso alla tua relazione di essere meravigliosa, serena, appagante, rassicurante, calorosa, ricorda quegli aspetti importanti ed essenziali che hanno potuto migliorare la vostra relazione.

Questo ti darà una forte motivazione per risolvere al più presto i conflitti.

- Scrivi 10 esperienze piacevoli ed entusiasmanti che hai vissuto durante la tua relazione di coppia
- Scrivi 10 esperienze dolorose e toccanti che hai vissuto all'interno del tuo rapporto di coppia
- Scrivi almeno 10 lezioni che hai imparato dalle esperienze piacevoli e spiacevoli che hai vissuto nel tuo rapporto di coppia
- Scrivi "come puoi" d'ora in poi utilizzare tutto ciò che hai imparato dalle tue esperienze passate per Prevenire conflitti futuri e per Migliorare il tuo rapporto di coppia

METTILE IN PRATICA SIN DA SUBITO

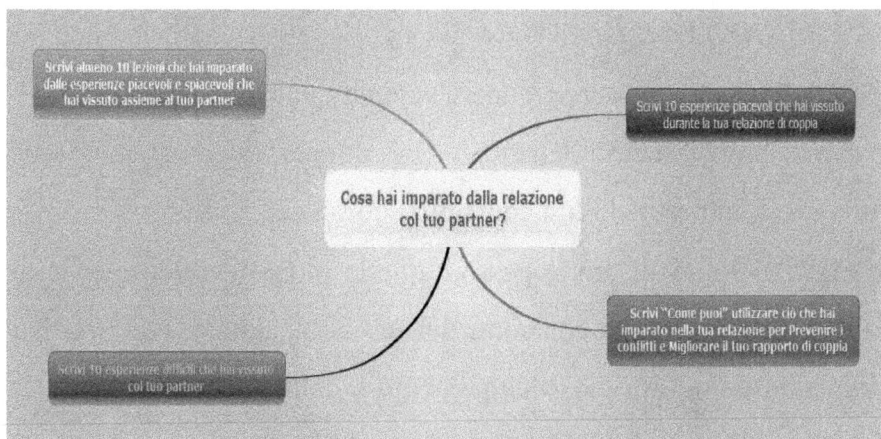

Scrivi almeno 10 lezioni che hai imparato dalle esperienze piacevoli e spiacevoli che hai vissuto assieme al tuo partner

Scrivi 10 esperienze piacevoli che hai vissuto durante la tua relazione di coppia

Cosa hai imparato dalla relazione col tuo partner?

Scrivi "Come puoi" utilizzare ciò che hai imparato nella tua relazione per Prevenire i conflitti e Migliorare il tuo rapporto di coppia

Scrivi 10 esperienze difficili che hai vissuto col tuo partner

RIEPILOGO DEL CAPITOLO 3:

- SEGRETO n. 7: puoi apprendere sempre qualcosa sia dalle vicende entusiasmanti della tua vita di coppia, che da quelle poco piacevoli, imprevedibili o addirittura dolorose.

- SEGRETO n. 8: il primo passo è quello di prendere coscienza di come ti relazioni nei confronti del tuo compagno/a, poi cosa hai imparato da questo tuo atteggiamento e dalle reazioni del partner e dopo spiega "come" questa lezione che hai appreso può esserti utile in futuro per Migliorare la vostra relazione.

- SEGRETO n. 9: sei proprio tu che in modo attivo puoi creare questo cambiamento lasciandoti guidare da ciò che hai imparato sino ad oggi dalle tue esperienze con lui o con lei.

CAPITOLO 4:

Come Posso esprimere al meglio
le emozioni al mio partner?

"Al di là delle barriere interiori
ci sono Infiniti tesori ed Infiniti mondi".

SEGRETO n. 10: Le emozioni sono la nostra parte più profonda e sensibile del nostro essere.

Cosa sarebbe il tuo rapporto senza le emozioni? Come potresti essere ispirato, motivato, carico durante le tue giornate ed in ogni settore della vita senza provare sentimenti ed emozioni belle?

Quello che voglio fare in questo capitolo è di aiutarti a prendere contatto con le tue emozioni più profonde per imparare a conoscerti meglio e per poterle esprimere al tuo partner quando vuoi.

Per riuscire in questo puoi sperimentare te stessa/o ed aiutare anche il tuo partner a farlo. Adesso ti darò alcuni esercizi che ti faranno prendere contatto con le tue parti più profonde e ti metteranno in grado di trasmettere le emozioni al tuo partner. Questi esercizi vengono usati in "bioenergetica", una scuola di psicoterapia fondata da Lowen, e possono aiutare le persone a:

1 - prendere contatto con le proprie sensazioni

2 – imparare a trasmettere le proprie emozioni agli altri

3- analizzare il proprio vissuto personale per conoscersi di più e per sciogliere quei blocchi psicologici cristallizzati col tempo e somatizzati nel corpo.

Primo esercizio:
guarda negli occhi del tuo partner.

Prima di iniziare gli esercizi, procurati un quaderno dove tu ed il tuo partner scriverete man mano le vostre sensazioni ed i vostri vissuti personali riguardo agli esercizi che farete.

Hai preso il quaderno? Brava/o, iniziamo.

Quando vi sentite pronti, tu ed il tuo partner mettetevi l'uno di fronte all'altro e, stando in piedi ad una distanza tra di voi di circa 30 centimetri, col corpo rilassato, iniziate a guardarvi negli occhi per un minuto o più, cercando di trasmettervi con lo sguardo le emozioni che sentite in quel momento e quando è trascorso un minuto (o più minuti se lo volete), terminate questo esercizio e prendete il quaderno (meglio avere un quaderno ciascuno), dove ognuno di voi scriverà queste 5 cose:

1.Prima scrivi **cosa hai voluto trasmettere al tuo partner**, manifestandolo attraverso una frase breve come ad esempio: "ho voluto esprimerti calore", oppure "amore", "rabbia", "affetto", "tenerezza", a seconda di ciò che hai provato in quel momento.

2.Poi scrivi **quello che hai provato fisicamente quando il tuo partner ti guardava**, attraverso una breve frase come: "ho sentito un brivido", oppure "ho provato calore", "ho sentito salirmi le lacrime agli occhi", ecc.

3.Poi scrivi **in quale parte del corpo hai percepito quella sensazione**, può essere nel cuore, sulla pelle, sulla schiena, in tutto il corpo, ed altro

4.Poi scrivi **quale emozione hai sentito in quel momento**: "ho sentito tenerezza", "ho provato amore", "mi sono sentita confusa", ecc.

5.Alla fine **scrivi il messaggio che secondo te il tuo partner ha voluto trasmetterti** attraverso quello sguardo particolare, e la stessa cosa farà il tuo partner, e poi confrontatevi per verificare se il messaggio che hai recepito è lo stesso che il tuo partner voleva trasmetterti e viceversa.

SEGRETO n. 11: se i messaggi che pensavate di ricevere dal vostro partner sono proprio quelli che lui o lei voleva trasmettervi, se così fosse avete una notevole sensibilità e sintonia tra di voi.

Ma non preoccuparti se i messaggi dovessero risultare diversi, perché non è facile recepirli subito, è anche una questione di allenamento, ed ogni volta che li farete, quando ne sentite il bisogno, questo affinerà la vostra sensibilità e migliorerà la vostra capacità di percepire le vostre sensazioni più profonde e le vostre emozioni più nascoste.

Secondo esercizio:
tieni le mani del tuo partner ad occhi chiusi.

Quando siete pronti, sempre con il corpo rilassato, stavolta con gli occhi chiusi, prendi le mani del tuo partner tra le tue e, sempre per un periodo di uno o 2 minuti, ognuno di voi cerca di trasmettere le proprie sensazioni all'altro attraverso il tocco delle proprie mani, prendi le mani di lei (o di lui) come meglio vuoi, puoi accarezzarle o semplicemente tenerle tra le tue, stringerle forte o sfiorarle delicatamente, aumentare la stretta col passare dei secondi o staccarti e riprenderle, sta a te fare "**quello che senti in quel momento**", tutto questo con gli occhi chiusi, perché le tue emozioni e le sue devono passare solo attraverso il tocco delle vostre mani, poi, dopo uno o 2 minuti circa, lasciatevi le mani ed ognuno scriverà sul quaderno **quello che ha sentito fisicamente**, poi **le emozioni che ha provato, le sensazioni che ha voluto trasmettere** all'altro ed infine **il messaggio che ha percepito** da parte del partner attraverso il suo tocco e confrontate alla fine le vostre sensazioni e le vostre riflessioni.

Terzo esercizio:
tieni le mani del tuo partner tra le tue ad occhi aperti.

Adesso fai lo stesso esercizio di prima, questa volta però ad occhi aperti. Le emozioni che volete trasmettervi possono essere le stesse dell'esercizio precedente o altre, l'importante è che cercate di sentire le emozioni che provate in quel momento. Ogni volta che fai questi esercizi cerca di abbandonarti alle emozioni che provi, cerca di calarti bene in questa parte, prova a partecipare attivamente a questi esercizi evitando di scherzare, anche se all'inizio può sembrarvi strano o divertirvi, cercate sempre di sentire e di trasmettere le emozioni che provate l'uno verso l'altro, ok? Alla fine dell'esercizio scrivete tutto ciò che avete percepito e sentito sul vostro quaderno seguendo l'esempio che ti ho scritto precedentemente.

Quarto esercizio: Abbracciatevi

Fate questo esercizio per due o più minuti se lo volete, anche qui saranno le tue emozioni a proiettarti sul tuo partner come un bolide o ad avvicinarti lentamente a lui o a lei, a stringerlo forte a te o a tenerlo/a delicatamente tra le tue braccia. Alla fine dei minuti, come prima, prendete il quaderno e scrivete cosa avete sentito dentro di voi a livello fisico (un calore, un brivido, un blocco) in quale parte del corpo l'avete sentito (nel cuore, sulla testa, nella pancia, in tutto il corpo, ed altro), poi scrivete cosa avete sentito a livello emozionale (tenerezza, freddezza, amore, ed altro) e cosa secondo voi ha voluto trasmettervi l'altro partner, e confrontate tra di voi le risposte che avete dato.

Quinto esercizio:
rivolgi le frasi seguenti a voce al tuo partner e poi terminale col corpo

Adesso ti darò alcune frasi che riferirai al tuo partner e che poi lei (o lui) riferiranno a te, la parte finale di queste frasi dette a metà dovrai terminarla attraverso l'uso del tuo corpo, facciamo un esempio:

la prima frase da dire al tuo partner è: "io da te voglio……", anziché terminare a voce ciò che vuoi in quel momento dal tuo partner, esprimilo col tuo corpo attraverso un gesto, un'espressione del viso, uno sguardo, un movimento, un tocco particolare, ed altro, e poi ognuno di voi scriverà sul quaderno ciò che secondo lui/lei il proprio partner ha voluto trasmettergli con il corpo. Anche in questo caso, mettetevi ad una distanza di circa 30 centimetri e inizia prima tu, guardandolo/a negli occhi, quando sei pronta ed ispirata, fai un bel respiro e poi pronuncia al tuo partner le seguenti frasi:

Mi piacerebbe che tu ...... (e subito dopo esprimi col tuo corpo cosa vuoi)

Mi fai felice quando......... (e subito dopo esprimi col tuo corpo o con un gesto quando lui o lei ti fa felice)

Mi fai star male quando... (e subito dopo esprimi col tuo corpo quando ti fa star male)

Mi fai arrabbiare quando...... (e subito dopo esprimi col tuo corpo quando lui o lei ti fa arrabbiare)

Mi sento sola/o quando tu .... (e subito dopo esprimi col tuo corpo quando ti senti sola/o)

Ho bisogno di................... (e subito dopo esprimi col tuo corpo di cosa hai bisogno)

Io e te possiamo.............. (e subito dopo esprimi col tuo corpo cosa voi potete fare, dire, progettare, quello che desideri)

Queste frasi vengono dette prima da te verso di lei/lui e poi viceversa.

Alla fine di ogni frase scrivi sul quaderno quello che hai voluto trasmettere al tuo partner col tuo corpo mentre lei o lui scriverà il messaggio che ha sentito ricevere, alla fine di tutte le frasi sarà la volta del tuo partner che le riferirà a te.

Sesto esercizio:
esprimi liberamente col corpo un'emozione al tuo partner

Questo ultimo esercizio ti lascia completamente libera/o di esprimere attraverso il corpo come meglio credi qualcosa di importante che vuoi trasmettere al tuo partner. Può essere un gesto, un'espressione del viso, puoi far girare il tuo partner dall'altra parte e poi tenerla stretta tra le braccia, puoi chiederle di chiudere gli occhi ed accarezzarle il viso, puoi farlo sdraiare su una poltrona e sederti vicino, puoi scegliere ciò che ritieni più opportuno, l'importante è che ciò che vuoi trasmetterle/gli sia fatto col corpo, senza parlare. Alla fine scrivete sul quaderno le emozioni, le sensazioni ed i messaggi che avete percepito seguendo le indicazioni del primo esercizio.

Tutti questi esercizi saranno utili a te ed al tuo partner per affinare le vostre emozioni, per prendere coscienza dei vostri vissuti personali, per accentuare la vostra sensibilità, per migliorare la sintonia tra di voi all'interno della vostra relazione e per conoscervi meglio a livello fisico, emotivo e psicologico.

Alla fine di questi 6 esercizi scrivete nel vostro quaderno la risposta a queste 2 domande: **cosa ho imparato da questi esercizi?** Scrivi almeno 3 cose che hai imparato:

1

....

....

2

....

....

3

....

....

Come posso usare quello che ho imparato per Migliorare in futuro la mia relazione?

....

....

Ecco 6 esercizi per contattare e trasmettere le tue emozioni

1- Guarda negli occhi del tuo partner.

2 - Tieni le mani del tuo partner tra le tue ad occhi chiusi.

3 - Tieni le mani del tuo partner tra le tue ad occhi aperti.

4 - Abbracciatevi

5 - Inizia le frasi elencate prima a voce e poi terminale con un'espressione del corpo

6- Esprimi liberamente un'emozione al tuo partner attraverso il tuo corpo

Dopo questi esercizi scrivi su un quaderno:

Cosa hai voluto **trasmettere** al tuo partner.

Quello che hai **provato fisicamente**.

In quale parte del corpo hai percepito quella sensazione

Quale emozione hai sentito in quel momento.

Poi **scrivi il messaggio** che secondo te il tuo partner ha voluto trasmetterti

Infine rispondi per iscritto a queste 2 domande:

1. Cosa ho imparato da questi esercizi?

....

2. Come posso usare quello che ho imparato per Migliorare in futuro la mia relazione?

....

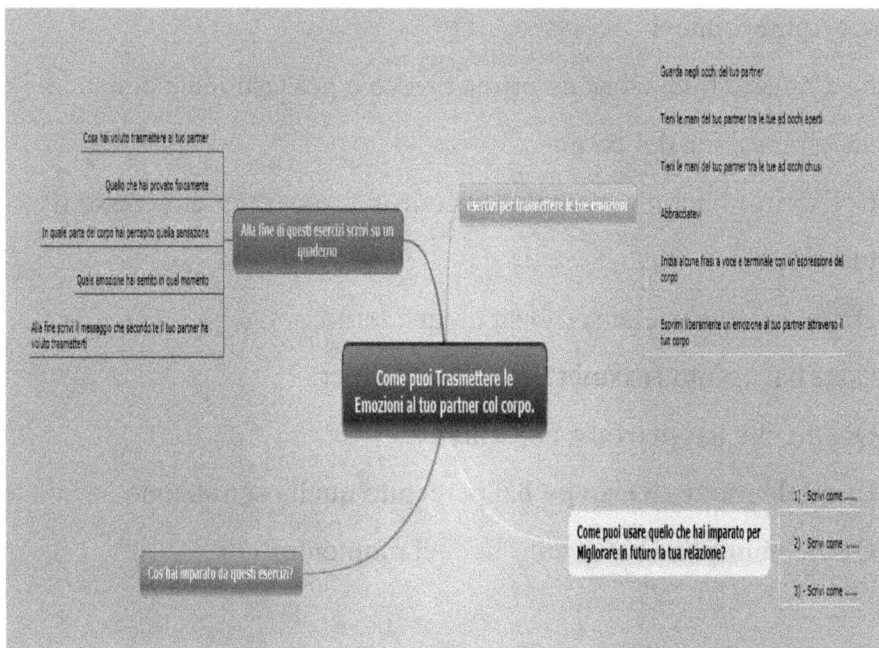

Cosa hai voluto trasmettere al tuo partner

Quello che hai provato fisicamente

In quale parte del corpo hai percepito quella sensazione

Quale emozione hai sentito in quel momento

Alla fine scrivi il messaggio che secondo te il tuo partner ha voluto trasmetterti

Alla fine di questi esercizi scrivi su un quaderno

esercizi per trasmettere le tue emozioni

Guarda negli occhi del tuo partner

Tieni le mani del tuo partner tra le tue ad occhi aperti

Tieni le mani del tuo partner tra le tue ad occhi chiusi

Abbracciatevi

Invia alcune frasi a voce e terminale con un espressione del corpo

Esprimi liberamente un emozione al tuo partner attraverso il tuo corpo

Come puoi Trasmettere le Emozioni al tuo partner col corpo.

Cos'hai imparato da questi esercizi?

Come puoi usare quello che hai imparato per Migliorare in futuro la tua relazione?

1) - Scrivi come ......

2) - Scrivi come ......

3) - Scrivi come ......

RIEPILOGO DEL CAPITOLO 4:

- SEGRETO n. 10: Le emozioni sono la nostra parte più profonda e sensibile del nostro essere.

- SEGRETO n. 11: se i messaggi che pensavate di ricevere dal vostro partner sono proprio quelli che lui o lei voleva trasmettervi, se così fosse avete una notevole sensibilità e sintonia tra di voi.

CAPITOLO 5:

Come posso osservare la mia relazione di coppia da un altro punto di vista?

"Il tuo punto di vista personale è troppo poco, espandilo a 360 gradi per avere un'immagine più completa del tuo rapporto"

Ti è mai capitato di avere un'esperienza particolare nella tua vita in cui erano presenti diverse altre persone? Ogni testimone darà una sua versione personale della vicenda, perché ognuno di loro vedrà quell'esperienza in modo diverso dagli altri.

Supponiamo che 10 persone abbiamo assistito ad un piccolo incidente automobilistico avvenuto in città, e che queste 10 persone erano disposte in 10 posizioni differenti, ad esempio alcune si trovavano sul marciapiede sinistro ed altre su quello di destra, una persona stava guidando la macchina dietro a quella che ha fatto il tamponamento, un'altra si trovava in un negozio vicino, poi c'è l'autista della macchina principale ed altre persone sparse qua e là.

Ora, ognuna di queste persone ha visto la scena da "**punti differenti**" della zona dove si trovavano, ed **in "modo" diverso** dagli altri, ad esempio una persona focalizzava di più la sua attenzione su **ciò che vedeva**, un'altra su **ciò che sentiva**, un'altra ancora poteva trovarsi vicino alla macchina in questione ed ha potuto notare ciò che accadeva meglio ed in modo particolareggiato rispetto ad una persona che si trovava distante dall'incidente, alcune persone inoltre potevano aver visto qualcosa che gli altri non avevano notato o che non ricordavano e pochi o forse nessuno aveva potuto osservare la scena **in modo completo** in ogni particolare.

Così è ovvio che ogni persona racconterà la scena in modo diverso dagli altri, e chi ascolterà ogni versione potrà immaginare la scena in 10 modi differenti. Ma qual è allora la versione giusta? Qual è il racconto più realistico? In realtà ogni versione contiene una parte di verità di ciò che è accaduto ma può anche contenere una distorsione, che causerà una valutazione errata ed un'interpretazione sbagliata o incompleta.

Ma quali sono gli elementi in base ai quali una persona si forma il quadro della situazione? Eccoli di seguito:

- In base ai 5 sensi attraverso cui ha percepito la scena (ha visto, ha sentito, ha toccato, ecc)

- In base alla posizione in cui si trovava in quel momento

- In base alla distanza ed alla posizione che aveva rispetto alla macchina (vicino, lontano, a destra, a sinistra)

- In base a dove focalizzava la sua attenzione in quel momento

- Può aver notato alcuni elementi ma averne cancellato o rimossi altri

- Può aver distorto inavvertitamente alcune sequenze che ha notato

- Può aver osservato l'incidente dall'inizio alla fine o solo per una parte di tempo

Inoltre, in base a tutti questi elementi sopra esposti, un testimone potrà interpretare l'accaduto e dare la colpa ad un guidatore anziché ad un altro, anche le sue **credenze** e le sue **idee** personali possono influenzare il **significato** e l'**interpretazione** che darà all'accaduto, in base alle sue **convinzioni** personali, alle esperienze che ha avuto in passato ed ai suoi vissuti personali.

SEGRETO n. 12: per dare un resoconto attendibile della dinamica di una qualsiasi esperienza, sono tanti gli aspetti dai quali non si può prescindere prima di fare un racconto il più vicino possibile alla realtà.

Allo stesso modo ciò che tu vedi, ascolti, senti, percepisci nel tuo rapporto di coppia viene filtrato da tutti gli elementi di cui ti ho parlato prima: dalla tua attenzione, dalle tue credenze e convinzioni personali, dall'interpretazione che dai ad un conflitto, dal significato che stai dando alla tua relazione, dai Valori in cui credi.

Tutti questi fattori condizionano **il tuo "modo personale di percepire"** il tuo rapporto di coppia.

Ad esempio quando hai una discussione accesa col tuo compagno/a di solito cosa accade?

Tu penserai di avere ragione mentre il tuo partner ti darà torto e viceversa, ma in base a che cosa rimani arroccato nella tua posizione e nel tuo personale giudizio? In base a tutti quegli elementi di cui ti ho parlato prima: cioè a ciò che hai visto, udito, percepito, pensato nei confronti del tuo compagno/a, in base a dove focalizzavi l'attenzione in quei momenti, in base alle tue idee personali ed altro ancora.

Rifletti però sul fatto che tenere conto solamente del tuo giudizio personale è limitante, perché dovresti prendere in considerazione anche il punto di vista del tuo partner, e quindi di come percepisce lei o lui il vostro rapporto, e quindi dovresti osservare la vostra relazione anche dalla sua ottica.

Inoltre puoi aver anche cancellato inavvertitamente alcuni aspetti importanti delle vostre esperienze, puoi cioè averli tralasciati, trascurati, rimossi, dimenticati, e così facendo il tuo giudizio risulta limitante ed incompleto non trovi?

La stessa cosa ovviamente può accadere al tuo partner, così potrete andare incontro inconsapevolmente ad un litigio inutile e dannoso.

Per prevenire un eventuale conflitto tra te ed il tuo partner e ristabilire un equilibrio tra di voi, dovresti tener presente alcuni aspetti di basilare importanza, eccoli di seguito:

- Prova a **metterti nei panni del tuo partner**

- Evita di essere prevenuto nei suoi confronti e **non usare preconcetti**

- **Osserva la tua relazione a 360 gradi** e non solo dal tuo punto di vista

- Impara ad **ascoltare** il tuo partner

- Sii pronto ad **ammettere i tuoi errori** e a metterti in discussione

- **Mettiti nei panni del tuo partner**

Come dicevo prima ogni esperienza può essere percepita da infiniti punti di vista, così le vostre esperienze di coppia, la relazione che avete ed i conflitti a cui andate incontro possono essere osservati da 2 o più ottiche diverse, è importante che tu impari a metterti nei panni del tuo partner e quindi ad osservare e percepire le esperienze che vivete anche dal suo punto di vista, infatti se terrai conto del suo "modello della realtà", questo ti arricchirà interiormente, ti darà la possibilità di sentire le sue emozioni, di provare ciò che prova lui/lei, di prendere coscienza di quello di cui ha bisogno, ed altro ancora.

SEGRETO n. 13: immedesimati completamente nel tuo partner, prova a vedere come vede lui (o lei), a percepire ciò che percepisce lui (o lei), a sentire ciò che prova in quei momenti, a metterti completamente nei suoi panni come farebbe un attore che si immedesima completamente nel ruolo di una persona per interpretarne bene la parte.

Dopo aver fatto questo esercizio mentale, rispondi per iscritto a queste domande qui di seguito:
cosa hai provato, quali sono state le tue emozioni dopo aver fatto questo esercizio?
....

....

È cambiato qualcosa nel tuo modo di interpretare la vostra

relazione? Se si spiega come:

....

....

Dopo questo esercizio sei più propenso a metterti in discussione?

....

....

Sei disposto/a a rivedere i tuoi giudizi affrettati?

....

....

Cos'hai imparato da questo esercizio?

....

....

- **Evita di essere prevenuto e non usare preconcetti**

Se hai la tendenza ad essere sopraffatto dai preconcetti che puoi avere sulla tua donna o sul tuo uomo, ad esempio se pensi che lei o lui non capisca quello che stai dicendo o che non sia abbastanza bravo per risolvere quella situazione, o che non fa altro che lagnarsi quando accade qualcosa, cerca di mettere da parte queste idee limitanti e fuorvianti, se sei prevenuto non farai altro che distorcere la realtà perché interpreterai ogni suo comportamento col filtro di questi preconcetti che non ti daranno un'immagine corretta e completa del tuo partner e quindi della relazione che state vivendo.

- **Osserva la tua relazione a 360 gradi**

Ogni esperienza dovrebbe essere vista a 360 gradi, ed ogni immagine, valutazione o giudizio che crei riguardo al tuo partner dovrebbe essere fatto solo dopo averlo/a osservato attraverso infiniti punti di vista, solo allora inizierai ad avvicinarti a ciò che è realmente il tuo partner, ok? Altrimenti ti fossilizzerai nel tuo unico e personale punto di vista che esprimerà il solito giudizio limitato ed incompleto.

Immagina un cubo a sei facce, ed ogni faccia è dipinta con un colore diverso, se una persona rimane ferma ed immobile davanti ad un solo lato del cubo, avrà una visione limitata, ma appena girerà attorno, davanti, sotto e sopra al cubo, lo osserverà da angolazioni diverse rendendosi conto dei vari colori di ogni lato e ne avrà una visione più completa e vicina alla realtà.

Allo stesso modo puoi fare tu quando giudichi o valuti il tuo compagno o la tua compagna solo da uno o da pochi suoi comportamenti, senza prenderne in considerazione altri, o quando osservi solo i suoi lati negativi senza guardare quelli Positivi, quando ti lamenti per quello che ha fatto oggi senza tenere conto di quello che ha fatto in passato, ok?

Ma come puoi fare a percepire un conflitto di coppia o la tua relazione da vari punti di vista?

Semplicemente osservando con occhi diversi e da angolazioni differenti la tua relazione di coppia, così ogni discussione in cui incappate, ogni esperienza che avrete, ogni conflitto che affronterete, lo vedrai con occhi diversi.

SEGRETO n. 14: Prova a metterti nei panni del tuo compagno o della tua compagna, inizia a percepire ogni esperienza che vivi così come la percepisce il tuo partner, allo stesso modo come hai fatto prima nell'esercizio che ti ho proposto sopra, poi prova ad osservare la tua relazione così come la osserverebbe una persona esterna, che può essere un tuo amico, un conoscente, un genitore, o altri ancora.

In questo modo arricchirai l'immagine che hai del tuo rapporto di coppia osservandolo in modo distaccato, da una posizione esterna, quindi con meno patos e meno emozioni. Questo ti servirà per chiarire ancora di più e decifrare meglio la relazione che stai vivendo e per trarne delle considerazioni più complete ed esaurienti rispetto a prima.

Se ti immedesimi completamente per qualche minuto in un tuo amico o in un'altra persona ed osservi il tuo rapporto di coppia con i loro occhi e cerchi di sentire cosa provano loro, avrai degli elementi in più che arricchiranno la tua valutazione del vostro rapporto o di un eventuale conflitto che state vivendo.

Nel momento in cui osservi la tua storia a 360 gradi (o quasi), potrai giudicarla nel modo più obiettivo notando cose che non avevi notato prima, conoscendo emozioni nuove e prestando attenzione ad altri aspetti che avevi cancellato o sottovalutato, ok?

- **Impara ad ascoltare il tuo partner**

La capacità di ascoltare le persone è una dote bellissima ed importantissima, tu ce l'hai?

Saper ascoltare il tuo partner è importantissimo, e tu puoi imparare a farlo, saper ascoltare influisce sulla qualità del vostro rapporto, se tu non ascolti il tuo partner o se lui/lei non ascolta te ed ognuno di voi è impegnato ad ascoltare solo sé stesso, tra di voi si può creare un "muro" invisibile che vi darà dei problemi.

Ti ricordi le 3 scimmiette che simbolizzano le tre frasi: non sento, non vedo e non parlo?

Ecco, quando non ascolti (o non vuoi ascoltare) il tuo partner e lui o lei non ascolta te, è come se entrambe non voleste tenere in considerazione o dare importanza al parere dell'altro, e questo limita la vostra comunicazione, la voglia di condividere qualcosa, le interazioni tra di voi ed il conflitto tenderà ad aumentare invece di diminuire.

Tieni sempre presente la dimensione dell'ascolto quindi in ogni esperienza che affronterete.

- **Sii pronto ad ammettere i tuoi errori ed a metterti in discussione**

Se hai la tendenza a pretendere di avere sempre o quasi sempre ragione, lascia perdere, questo è un atteggiamento sbagliato da evitare. Non puoi avere sempre ragione su tutte le cose, la ragione sta nel mezzo, in ogni discussione tu hai una parte di ragione ed una parte l'avrà il tuo partner, dovete cercare di venirvi incontro, di raggiungere un accordo, è importante ammettere i tuoi errori anche quando per te è difficile farlo, rifletti: se sai di aver sbagliato qualcosa nei suoi confronti e lo ammetterai subito, il conflitto si placherà immediatamente, ma se vuoi per forza aver ragione e non farai un passo indietro, il conflitto potrebbe continuare o ingrandirsi, ne vale la pena?

E' disarmante ammettere di aver sbagliato, ti sentirai meglio con la tua coscienza e farai stare bene anche la tua dolce metà, dandogli anche un messaggio positivo: che tu sei in grado di metterti in discussione e di migliorarti, questa è una grande qualità in una persona, ed il tuo partner lo apprezzerà sicuramente.

Mettiti nei panni del tuo partner per osservare il vostro rapporto come lo vedrebbe lui o lei. Elimina eventuali preconcetti che hai nei confronti del tuo partner. Osserva la tua relazione a 360 gradi e non solo dal tuo punto di vista. Impara ad ascoltare il tuo partner. Sii pronto ad ammettere i tuoi errori ed a metterti in discussione

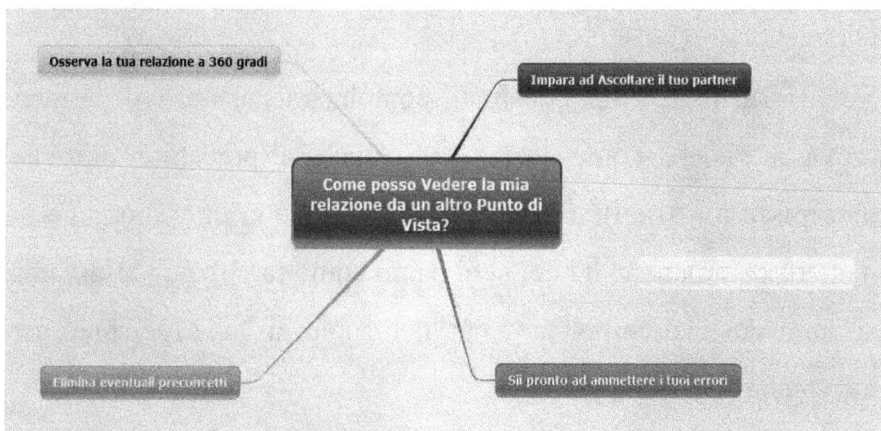

RIEPILOGO DEL CAPITOLO 5:

- SEGRETO n. 12: per dare un resoconto attendibile della dinamica di una qualsiasi esperienza, sono tanti gli aspetti dai quali non si può prescindere prima di fare un racconto il più vicino possibile alla realtà.

- SEGRETO n. 13: immedesimati completamente nel tuo partner, prova a vedere come vede lui (o lei), a percepire ciò che percepisce lui (o lei), a sentire ciò che prova in quei momenti, a metterti completamente nei suoi panni come farebbe un attore che si immedesima completamente nel ruolo di una persona per interpretarne bene la parte.

- SEGRETO n. 14: Prova a metterti nei panni del tuo compagno o della tua compagna, inizia a percepire ogni esperienza che vivi così come la percepisce il tuo partner, allo stesso modo come hai fatto prima nell'esercizio che ti ho proposto sopra, poi prova ad osservare la tua relazione così come la osserverebbe una persona esterna, che può essere un tuo amico, un conoscente, un genitore, o altri ancora.

CAPITOLO 6:

Come posso aumentare l'autostima per Migliorare il mio rapporto di coppia?

Anche un viaggio di mille miglia inizia con un passo

Lao Tzu

SEGRETO n. 15: L'autostima si riflette inevitabilmente anche nel Rapporto di Coppia, infatti il rapporto tra te ed il tuo partner dipende anche dall'immagine positiva o negativa che hai di te stessa/o.

Quando i partner hanno una buona autostima, riusciranno a risolvere più facilmente i piccoli o i grandi conflitti.
Anche l'armonia e l'equilibrio all'interno di una relazione sono direttamente proporzionali alla stima che i partner hanno di sé.
Ma cos'è l'autostima?

SEGRETO n. 16: L'autostima non è altro che una percezione

che hai di te stessa/o ed una valutazione che fai di te, l'immagine che hai della tua persona, la sicurezza che senti di avere in determinate occasioni, la fiducia che hai nelle tue capacità.

Ecco i vari elementi che contraddistinguono l'autostima:

- **Può essere una valutazione di te a livello globale o particolare,** quella globale riguarda l'aspetto generale del tuo essere che abbraccia tutti i livelli, mentre la valutazione particolare si riferisce solo ad un settore particolare della tua vita, ad esempio potresti avere un'alta stima di te come padre ma non come marito, potresti valutarti positivamente in ambito lavorativo ma non nella gestione delle tue finanze, e così via.

- **L'autostima è un fattore soggettivo,** infatti la valutazione che fai di te sarà diversa da quella che le altre persone fanno di sé stesse, questo dipende dal **"significato"** che gli attribuiamo, diverso da persona a persona.

- **L'autostima è flessibile,** cioè può cambiare, modificarsi col tempo a seconda delle esperienze che affrontiamo e di come reagiamo alle nostre esperienze.

- **Può dipendere da una tua valutazione personale o dal**

giudizio che le altre persone hanno su di te, a seconda di quella che per te è la più importante.

- **L'autostima dipende anche dai tuoi Valori personali**, infatti se qualche volta il tuo comportamento non è in sintonia con i valori in cui credi, tenderai a svalutarti o a sentirti in colpa e viceversa.

- **Anche gli stati d'animo possono influenzare la tua autostima** perché se sei triste o nervosa, arrabbiata o ansiosa, questo stato emozionale momentaneo può cambiare o distorcere l'immagine che hai di te in quel momento.

Tutti questi elementi influiscono sulla valutazione che fai di te.

Ora rispondi a queste domande

Cos'è per te l'autostima? Descrivila con parole tue:

_____

_____

_____

Quando senti di avere una buona stima di te stesso/a?

_____

_____

_____

Come devi comportarti e che atteggiamento devi avere per sentire un'alta stima di te stessa/o?

_____

_____

_____

In base a che cosa valuti o svaluti te stessa/o, cioè qual è il tuo metro di misura o di paragone?

_____

_____

_____

Come influisce la tua autostima all'interno del tuo rapporto di coppia? Spiegalo in pratica con degli esempi:

_____

_____

_____

Quali tue Risorse personali ti saranno più utili per Migliorare la tua autostima? Ad esempio la creatività, la pazienza, la testardaggine, l'amore, l'umorismo, la riflessione, la fede?

_____

_____

_____

Come puoi migliorare la tua autostima affinchè possa essere utile anche alla tua relazione di coppia? Scrivi in quale modo pratico puoi migliorarla:

_____

_____

_____

Fai 3 esempi di come ti comporti col tuo partner quando hai un'alta stima di te e poi scrivi 3 esempi di come ti relazioni col tuo partner se qualche volta ti capita di non avere un'alta stima di te:

_____

_____

_____

Adesso **fai un elenco dei settori della tua vita dove hai una buona stima di te**, cioè dove senti di comportarti bene, di avere un atteggiamento adatto e di essere efficace e Sicuro ti te, e poi scrivi anche i settori dove non ti valuti molto. I settori o le aree della vita possono essere: famiglia, rapporto di coppia, lavoro, relazione con gli altri, rapporto con gli amici, gestione delle tue emozioni, autocontrollo, gestione del denaro, rapporto col proprio corpo, gestione del tuo tempo ed altro.

Scrivi una valutazione da 0 a 10 per ogni settore e spiega il perché della tua valutazione, in questo modo avrai un quadro della tua situazione personale, dove ti valuti di più e dove ti valuti un pò meno, e poi scrivi secondo te **"cosa" devi fare e "come" devi fare per Migliorare la fiducia e la sicurezza in te stessa/o in ogni settore particolare.** Hai tutto il tempo che vuoi:

_____

_____

_____

_____

_____

_____

SEGRETO n. 17: Quando uno dei due partner o tutti e due hanno una bassa stima di sé, la coppia potrà soffrire di insicurezza, passività, ansia, inoltre il partner con bassa stima di sé sarà portato ad aggrapparsi all'altro partner come ad un'ancora di salvezza e potrà diventarne dipendente.

Ecco quali possono essere le conseguenze positive o negative in una relazione di coppia a seconda della valutazione che i partner faranno di sé stessi.

Quando hai una buona stima di te:

- Risolvi più facilmente le difficoltà che puoi avere nella relazione di coppia
- Tendi a vedere di più ciò che c'è di bello e di entusiasmante nel tuo rapporto
- Puoi esprimere le tue opinioni ed i tuoi sentimenti al tuo partner senza difficoltà
- Ti senti capace di aiutare la tua dolce metà quando è in difficoltà
- Ti senti sicuro e pronto a realizzare dei progetti in comune
- Affronti meglio i cambiamenti della vita
- Sei pronta/o ad assumerti le tue responsabilità
- Sei preparata/o a prendere le tue decisioni
- Tenderai ad amplificare i lati positivi del vostro rapporto ed a sminuirne quelli negativi
- Riesci a dare un'impronta importante per Migliorare il tuo rapporto

Quando invece senti una bassa stima di te:

- Hai difficoltà nell'affrontare le difficoltà di coppia

- Tenderai ad amplificare i piccoli problemi quotidiani
- Potrai vedere le difficoltà come qualcosa di insormontabile
- Distorcerai negativamente la realtà
- Tenderai ad aggrapparti al tuo partner come ad un'àncora di salvezza
- Potrai sentire erroneamente di non meritare l'affetto del tuo partner
- Potrai sentirti in colpa anche per le piccole mancanze
- Potrai avere paura di non essere accettato completamente dal tuo partner
- Potrai diventare dipendente da lui o da lei
- Avrai bisogno di continue rassicurazioni e conferme per trovare quella sicurezza che cerchi
- Avrai bisogno dell'appoggio e del consiglio del tuo partner

La bassa considerazione di sè sarà come un tarlo che insidierà il rapporto, amplificando le difficoltà e riducendo le soddisfazioni e l'appagamento che senti nella relazione.

L'autostima quindi può essere un potenziale positivo nella Relazione di coppia, aumentandone la solidità e Migliorandone la qualità.

Ecco alcune azioni specifiche e comportamenti da adottare attraverso cui puoi migliorare la tua autostima:

- **Proponi qualcosa al tuo partner**, in questo modo impari a diventare una persona "attiva" ad esempio puoi proporle (o proporgli) un viaggio, un luogo dove andare assieme un fine settimana, qualcosa di diverso da fare insieme, un progetto da poter realizzare assieme, un obiettivo da raggiungere.

- **Comunica di più e soprattutto "meglio" col tuo partner**. I silenzi a volte possono creare dei mostri, cioè delle false idee sul tuo partner, delle aspettative sbagliate, dei preconcetti e dei sospetti infondati, per questo è utile comunicare spesso ma soprattutto meglio col tuo partner, per sdrammatizzare un momento difficile, per condividere qualcosa assieme, per proporre qualcosa di entusiasmante, per confidare un sogno da realizzare o per trasmetterle/gli le tue emozioni.

- **Impara a prendere delle decisioni**, impara a dare il tuo contributo ad esempio riguardo ad una casa che volete acquistare, alla scelta della scuola dove volete far studiare vostro figlio, al luogo dove volete andare in vacanza assieme, al locale dove divertirvi coi vostri amici, ecc.

- **Analizzati di più**. Impara ad analizzarti, cioè a riflettere sui tuoi comportamenti, sugli atteggiamenti che assumi verso il tuo partner, su come ti senti, sulle cose che vuoi, su come puoi Migliorare il vostro rapporto.

- **Pratica alcune Tecniche Specifiche** per migliorare l'autostima come quelle che ti propongo qui di seguito.

- **Migliora l'immagine che hai di te** anche attraverso i piccoli risultati e le piccole vittorie quotidiane

- **Impara a sentirti Unica/o ed Importante** all'interno della tua relazione

Ecco adesso alcuni consigli pratici per migliorare la stima di te.

Completa queste frasi qui di seguito scrivendo ciò che ti dice il tuo cuore, rispondi con parole tue in piena libertà. Le risposte che darai ti motiveranno ad avere più fiducia in te stessa/o. Ecco le frasi da completare.

Se io mettessi il 10% in più di Sicurezza in quello che dico o in quello che faccio io potrei…….. (scrivi quello che senti nel tuo cuore)

Se solo affrontassi con più serenità ogni piccola o grande difficoltà della vita io riuscirei a......

Quando mi comporto in sintonia con i miei Valori, io posso..........

Quando riesco ad accettare di più me stessa/o io sono...............

Quando affronto con più determinazione i conflitti di coppia io..............

_____

Quando riesco a trasmettere i miei sentimenti e le mie opinioni al mio partner io..............

_____

Infine cerca di prendere coscienza di tutte le volte che riesci a superare un conflitto col tuo partner o quando senti di essere al settimo cielo, ti ricordi quando in passato hai superato delle difficoltà? Come hai fatto in particolare? Cosa è stato determinante nel riuscirci? Che emozioni provavi in quei momenti? Cosa dicevi? Come lo dicevi? Come ti muovevi? Che atteggiamento avevi? Come ti comportavi? Ecco, riporta oggi, nel presente, le stesse emozioni, gli stessi modi di dire, di fare, di atteggiarti e di comportarti di quel tempo in cui sei stata/o efficace, per riuscire a superare le difficoltà del presente o del futuro.

Per ultimo ecco un esercizio che ti consiglio di fare ogni giorno per un mese intero.

Ogni giorno fai di tutto ed impegnati per Superare anche un piccolo problema quotidiano che ti si pone davanti, ad esempio se hai paura o difficoltà a dire qualcosa a qualcuno ma lo desideri tanto, fai uno sforzo per riuscirci, anche un piccolissimo sforzo può aiutarti a farti sentire meglio e questo aumenterà la stima di te; se hai difficoltà a proporre qualcosa al gruppo dei tuoi amici, impegnati nel farlo ogni volta che ne hai l'occasione, sii più incisiva/o nelle decisioni da prendere nel tuo rapporto, vinci la pigrizia facendo anche un piccolo sforzo per questo, prova a dire qualcosa al tuo partner che ti sei tenuta/o nel cassetto da tempo, mettiti alla pari con lui o con lei se ti vedi in posizione di sudditanza psicologica, esprimi di più i tuoi sentimenti a lui o a lei se hai difficoltà a farlo, e così via.

Ricordati una cosa importante: ogni volta che ti impegni per riuscire in qualcosa e lo fai, acquisti sempre più sicurezza, fiducia e stima di te, e facendo questo metodicamente, passo dopo passo, dopo un mese o un anno sarai ben allenato ed avrai migliorato sicuramente la fiducia che riponi in te

stessa/o anche a vantaggio del tuo rapporto di coppia.

SEGRETO n. 7:

a) fai un elenco dei settori della tua vita dove ti valuti di più e dove ti valuti di meno

b) scrivi **"cosa"** devi fare e **"come"** puoi fare per Migliorare la fiducia in te stessa o in te stesso in ogni settore della tua vita

c) sii più propositivo

d) impara a prendere le decisioni

e) ogni giorno fai uno sforzo personale per Risolvere le piccole o grandi difficoltà quotidiane

f) per motivarti ad agire fai l'esercizio delle frasi da completare

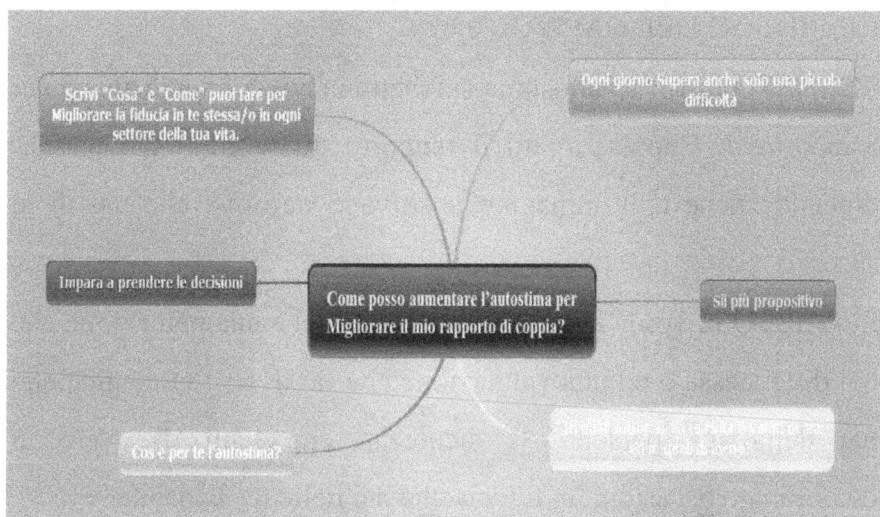

RIEPILOGO DEL CAPITOLO 6:

- SEGRETO n. 15: L'autostima si riflette inevitabilmente anche nel Rapporto di Coppia, infatti il rapporto tra te ed il tuo partner dipende anche dall'immagine positiva o negativa che hai di te stessa/o.

- SEGRETO n. 16: L'autostima non è altro che una percezione che hai di te stessa/o ed una valutazione che fai di te, l'immagine che hai della tua persona, la sicurezza che senti di avere in determinate occasioni, la fiducia che hai nelle tue capacità.

- SEGRETO n. 17: Quando uno dei due partner o tutti e due hanno una bassa stima di sé, la coppia potrà soffrire di insicurezza, passività, ansia, inoltre il partner con bassa stima di sé sarà portato ad aggrapparsi all'altro partner come ad un'ancora di salvezza e potrà diventarne dipendente.

CAPITOLO 7:

Come posso Migliorare la qualità della comunicazione col mio partner?

"Per comunicare qualcosa al tuo partner
devi parlare col suo stesso linguaggio"

Hai mai fatto caso a come comunicano 2 partner? Hai mai ascoltato quello che si dicono, come lo dicono, come condividono qualcosa tra di loro, come si guardano, come si ascoltano e come interagiscono?

Naturalmente ogni coppia è diversa dalle altre e di conseguenza diverso sarà il loro modo di interagire.

SEGRETO n. 18: La comunicazione all'interno di un rapporto di coppia ha un grande impatto, perché a seconda di come comunichi col tuo partner, potrai migliorare o diminuire la qualità del tuo rapporto.

Immagina ad esempio quando gli parli, come lo fai? Con un sorriso sulle labbra? Con freddezza? Qualche volta con indifferenza? Col musone o con ironia? Con umorismo o in modo sarcastico? Come puoi notare da questi pochi esempi esistono tantissimi modi per inviare un messaggio al tuo partner, ed inoltre rispetto a "**cosa**" dici è più importante il "**come**" lo dici, infatti è **il tuo atteggiamento** personale ed **il modo con cui comunichi** qualcosa alla tua dolce metà che fa la differenza, ok?

Prova ad immaginare ad esempio se tornando a casa tua una sera tua moglie ti chieda: "come stai caro?" e tu le risponda "bene grazie", questa risposta potrà essere da te riferita in vari modi diversi, ad esempio se lo dici ridendo e scherzando tua moglie si accorgerà che stai bene veramente, se invece lo dici con stanchezza e con lo sguardo spento, tua moglie si accorgerà che non hai detto la verità ma che sei stanco ed hai bisogno di riposo, se poi dici "sto bene" con un espressione nervosa, e muovendoti con agitazione, tua moglie saprà che sei arrabbiato per qualcosa che ti è successo, rispondendo invece in modo indifferente e distaccato anche se dici "sto bene", tua moglie saprà che c'è qualcosa che non va.

SEGRETO n. 19: Come puoi notare ciò che fa la differenza nelle cose che dici sta nel "modo" in cui lo dici, cioè in quello che si chiama comunemente "linguaggio non verbale".

Quindi la verità di ciò che stai dicendo non si trova nell'oggetto della tua risposta (cioè nel "cosa"), ma nel modo in cui l'hai detto (cioè nel "come"), puoi verificare questo in ogni esperienza della tua vita: amici che dicevano qualcosa in un modo ma con lo sguardo e con i gesti ne dicevano un'altra, persone il cui linguaggio parlato era cordiale ma il modo di riferirlo era distaccato, persone che esprimevano un messaggio positivo con le parole ma negativo col corpo o viceversa, questa forma di comunicazione si chiama "comunicazione incongruente", del resto anche tu puoi accorgerti quando una persona finge o quando sta dicendo una bugia, o se c'è qualcosa che non va in una persona semplicemente osservando il suo "modo" di fare, cioè l'atteggiamento che assume quando dice qualcosa.

Tenendo presente questo, ora ricordiamo quegli aspetti della comunicazione che sono di importanza cruciale per esprimere qualcosa al tuo partner:

- **Il linguaggio verbale** (parole, frasi, domande, ed altro)
- **Il linguaggio non-verbale** (movimenti del corpo, sguardo, espressioni del viso, ed altro)
- **Il linguaggio para-verbale** (tono della voce, timbro, pause, urla, sussurri, silenzi, ed altro)

SEGRETO n. 20: Affinchè il messaggio che vuoi trasmettere alla tua compagna o al tuo compagno sia vero, reale, sincero, devi "essere congruente" nel tuo modo di esprimerti, cioè ci deve essere "congruenza" fra "cosa" dici ed il "come" lo dici.

Se così non è il tuo partner riceve 2 messaggi differenti: un messaggio dice si l'altro messaggio dice no, un messaggio dice "bene" e l'altro messaggio dice "male", una parte di te dice una cosa e l'altra parte di te dice un'altra cosa, in pratica i 3 tipi di linguaggio che ti ho elencato sopra devono esprimere tutti e 3 lo stesso messaggio, in questo modo queste 3 forme di comunicazione si trovano ad essere "allineate" e quindi in sintonia tra di loro ed il messaggio che ricevi è uno solo, chiaro, realistico, vero a tutti e 3 i livelli (cioè al livello verbale, non-verbale e para-verbale).

Così hai compreso che non si parla solo con le parole ma anche col corpo, coi gesti, con lo sguardo, col tono della voce, e queste ultime forme linguistiche sono più potenti, più efficaci delle parole.

Quindi il primo consiglio che ti voglio dare è:
sii Congruente e Coerente quando vuoi esprimere qualcosa al tuo partner.

Un altro modo di comunicare meglio col tuo partner è quello di farlo col sistema a lui/lei più congeniale, cioè con la forma comunicazionale che lui o lei predilige. Non so se hai mai sentito parlare dei "sistemi rappresentativi" (o sistemi rappresentazionali), questi sono quei sistemi di comunicazione che vengono utilizzati all'interno di un'interazione e sono:

- **Sistema visivo** (quando una persona predilige il sistema della vista per comunicare)
- **Sistema uditivo** (quando una persona predilige il sistema uditivo per comunicare)
- **Sistema cinestesico** (quando una persona predilige il sistema

cinestesico per comunicare)

Premesso questo, se la tua dolce metà quando ti parla tende a guardarti negli occhi, se cerca spesso il tuo sguardo, se ha bisogno di vedere come ti muovi quando gli stai parlando, allora il suo sistema prediletto è quello visivo.

Se invece dà più importanza al fatto che tu lo ascolti quando ha qualcosa da dirti e che tu senta le sue opinioni o idee in proposito, e sta più attenta/o a ciò che dici ed al tuo tono di voce, allora sarà il sistema uditivo quello che predilige.

Infine se quando parlate di qualcosa in particolare o di un argomento importante con fervore ed intensità, se il tuo partner ha bisogno di prenderti le mani quando ti parla, se ti mette una mano sulla schiena o se ha bisogno di essere stretta/o a te, il suo sistema prediletto è sicuramente quello cinestesico.

Una volta scoperto questo (se ancora non ne sei consapevole), il tuo prossimo passo sarà quello di metterti in sintonia col "sistema rappresentativo" preferito dal tuo partner e parlargli con questo suo modo prediletto di comunicare, affinchè il messaggio che gli vuoi trasmettere sia immediatamente compreso e lei (o lui) ti senta più vicino.

Quindi ad esempio se il modo prediletto di comunicare del tuo partner è quello "visivo" puoi parlargli guardandolo negli occhi, osservando come si muove, dando più importanza allo sguardo, in questo modo ti sentirà più vicino ed il messaggio che vuoi trasmetterle/gli sarà più efficace.

Se invece il sistema comunicativo preferito dal tuo partner è quello "uditivo", allora saranno le tue parole a trasmetterle/gli più emozioni, sarà sensibile al tono della tua voce, al tuo modo di parlare, alle tue pause, ai tuoi silenzi e darà importanza al fatto di essere ascoltata/o.

Infine se il sistema preferito dal tuo partner è quello cinestesico, usa più spesso il corpo per metterlo a suo agio, attraverso abbracci, tenendole/gli la mano più spesso, facendole/gli le coccole, abbracciandola/o, cioè usando di più il corpo oltre alle parole.

Quindi il secondo consiglio che ti voglio dare è questo:
usa più spesso il "sistema rappresentativo" preferito dal tuo partner per comunicare con lei o con lui affinchè possiate raggiungere più velocemente una sintonia tra di voi.

Inoltre ad ogni sistema rappresentativo sono associate delle parole precise che indicano quel sistema preferito che viene usato di più. Ecco di seguito alcuni esempi.

Sistema visivo. Quando si comunica attraverso questo sistema vengono usate di solito parole attinenti al sistema visivo come ad esempio: osserva, guarda, vedi, "non vedo l'ora", "stai all'occhio", "osserva questa situazione", "immagina cosa potresti fare", "vedi di fare presto", ed altre ancora.

Sistema uditivo. Le parole e le metafore associate a questo sistema sono ad esempio: ascoltare, sentire, udire, "non fare orecchio da mercante", "è musica per le mie orecchie", "perché non mi ascolti", "fammi sentire ciò che hai da dirmi", ed altro.

Sistema cinestesico. Questo sistema è associato alle seguenti parole o metafore linguistiche: sentire (con la pelle), tocco, carezza, sfiorare, "sento una bella atmosfera", "voglio toccare con mano", "ho i brividi nel corpo", "mi si chiude lo stomaco", "ho bisogno di un abbraccio".

Quindi il terzo consiglio che voglio darti è questo:
usa più spesso quelle parole associate al "sistema rappresentativo" preferito dal tuo partner per metterlo più a suo agio, per trasmetterle/gli meglio il messaggio che vuoi e per farla/o sentire più vicino a te.

Attraverso queste accortezze puoi prevenire degli eventuali conflitti di coppia o discussioni e litigi vari. Basta una piccola cosa per innescare un meccanismo dannoso che può generare quel circolo vizioso del conflitto, meglio prevenirlo vero?

Se la tua ragazza preferisce essere abbracciata quando le parli, fallo più spesso altrimenti non sente il tuo calore, non sente che le vuoi bene veramente perché è quello il suo sistema preferito: quello cinestesico (tocco, sfioramenti, carezze, abbracci, coccole). Se tuo marito vuole essere ascoltato quando esprime una sua opinione o quando ti confida un progetto o un sogno che vuole realizzare, non essere distratta, ma ascoltando bene cosa ha da dire lo farai sentire importante e gli darai la conferma che gli vuoi bene, perché è quello il suo sistema preferito: quello uditivo.

Se la tua compagna cerca continuamente il tuo sguardo, se ha bisogno di osservarti mentre state parlando, non guardare da un'altra parte, ma usa il suo modo prediletto di comunicare: quello visivo, allora saprà che sei attento a ciò che vuole trasmetterti e saprà che le stai dando importanza.

Ora ecco un esercizio per te, prendi il tuo quaderno degli esercizi e: osserva ed ascolta bene il tuo partner per 2 giorni quando siete assieme e dopo scrivi qual è secondo te il suo "sistema rappresentativo" preferito: è quello visivo, uditivo o cinestesico?

....

....

Da che cosa lo hai dedotto? Da come guarda? Da come si muove? Da come parla? O dalle parole più frequenti che dice che sono associate a quel sistema particolare? Scrivi:

....

....

Una volta che hai scoperto il sistema di comunicazione preferito dal tuo partner, sei pronto ad impegnarti ad usare di più quel sistema per sentirti e per farla/o sentire sempre più vicino a te?

....

....

Come farai per Riuscirci? Spiegalo con parole tue:

....

....

....

....

Dopo aver utilizzato per 2 settimane o per un mese il sistema rappresentativo preferito dal tuo partner per comunicare con lei (o con lui) come è cambiata la vostra relazione?

....

....

....

Hai notato piccoli o grandi miglioramenti? Spiega come:

....

....

....

SEGRETO n.8 fai sempre attenzione al:

- **linguaggio verbale**
- **linguaggio non-verbale**
- **linguaggio para-verbale**

Ricordati sempre dei 3 tipi di sistemi rappresentativi (cioè dei modi preferiti di comunicare):

- **Sistema visivo**
- **Sistema uditivo**
- **SIstema cinestesico**

Ricordati di fare in modo che:

- **i 3 linguaggi da te usati siano sempre congruenti tra di loro**
- **usa più spesso il "sistema rappresentativo" preferito dal tuo partner** per comunicare con lei o con lui
- **usa più spesso quelle parole associate al sistema rappresentativo preferito dal tuo partner**

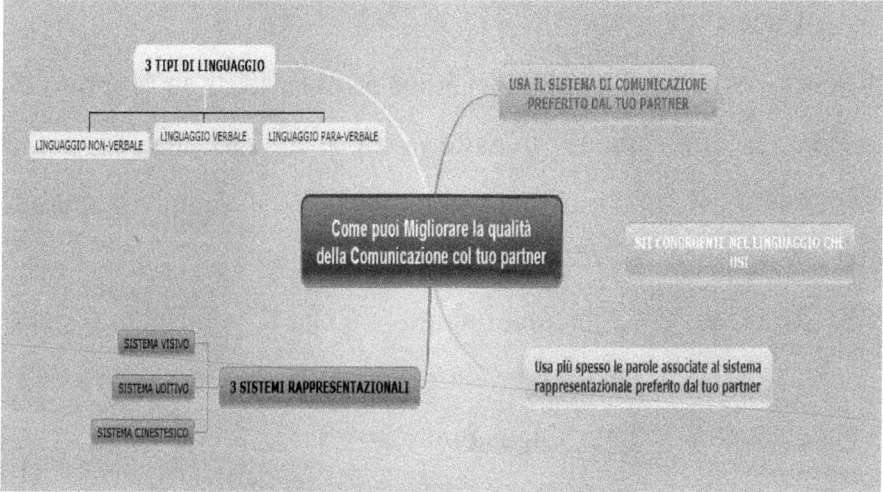

3 TIPI DI LINGUAGGIO

USA IL SISTEMA DI COMUNICAZIONE PREFERITO DAL TUO PARTNER

LINGUAGGIO NON-VERBALE   LINGUAGGIO VERBALE   LINGUAGGIO PARA-VERBALE

Come puoi Migliorare la qualità della Comunicazione col tuo partner

SII CONGRUENTE NEL LINGUAGGIO CHE USI

SISTEMA VISIVO

SISTEMA UDITIVO   **3 SISTEMI RAPPRESENTAZIONALI**

SISTEMA CINESTESICO

Usa più spesso le parole associate al sistema rappresentazionale preferito dal tuo partner

RIEPILOGO DEL CAPITOLO 7:

- SEGRETO n. 18: La comunicazione all'interno di un rapporto di coppia ha un grande impatto, perché a seconda di come comunichi col tuo partner, potrai migliorare o diminuire la qualità del tuo rapporto.

- SEGRETO n. 19: Come puoi notare ciò che fa la differenza nelle cose che dici sta nel "modo" in cui lo dici, cioè in quello che si chiama comunemente "linguaggio non verbale".

- SEGRETO n. 20: Affinchè il messaggio che vuoi trasmettere alla tua compagna o al tuo compagno sia vero, reale, sincero, devi "essere congruente" nel tuo modo di esprimerti, cioè ci deve essere "congruenza" fra "cosa" dici ed il "come" lo dici.

CAPITOLO 8:

Quali sono le tue Risorse personali
per Risolvere un conflitto di coppia?

"Avere delle Risorse Interiori e non usarle
è come tenere chiuso in un cassetto un tesoro inestimabile"

Ti ricordi una situazione del passato in cui avevi avuto un problema o ti eri imbattuto in una difficoltà e sei riuscito a risolverli facilmente? Ad esempio quando hai superato un esame, quando hai vinto una gara sportiva, quando hai conquistato una ragazza o quando hai risolto un diverbio tra amici o hai affrontato un imprevisto, come hai fatto a riuscirci?

Sicuramente hai attinto alle tue risorse personali.

Cosa sono le risorse personali? Sono le tue Capacità, le tue doti personali, le attitudini che possiedi, le tue conoscenze, le abilità e le qualità speciali che hai e che puoi usare ogni volta che ne hai bisogno per Superare una difficoltà di qualsiasi tipo piccola o grande che sia.

SEGRETO n. 21: Ognuno di noi possiede delle risorse personali, anche tu, la differenza tra coloro che riescono a superare un problema ed altri che non vi riescono è che i primi utilizzano queste risorse nel migliore dei modi ogni volta che ne hanno bisogno, gli altri non le utilizzano perchè non credono di possederle.

È possibile che tu ti accorga di avere queste risorse personali quando accade qualcosa di speciale o di imprevisto nella tua vita, quando ti imbatti in una prova difficile o quando sei obbligato ad affrontare una sfida, a vincere una paura, ad opporti ad un ostacolo grande, in quei momenti puoi dare il meglio di te per affrontare queste situazioni e finalmente prendi coscienza del fatto che dentro di te esistono risorse illimitate ed infinite che ti permettono di Superare ostacoli impensabili, ad esempio quando vedi un bambino in pericolo, anche se tendenzialmente sei una persona timorosa, ad un tratto diventi coraggioso come un leone e fai di tutto per salvare quel bambino, o quando assisti ad una scena in cui un tuo amico ha subìto un'ingiustizia, immediatamente lo difendi come non hai fatto mai prima d'ora, o quando ti trovi a dover prendere le redini di una situazione complessa e sei l'unico a poterlo fare, allora ci riesci, attingendo alla risorsa personale della "responsabilità", e così via.

In questi 3 casi hai usato le risorse del "coraggio", dei "valori personali" e del "senso di responsabilità" che forse pensavi di non possedere.

A volte è proprio grazie a queste esperienze difficili che vieni in contatto con quelle parti di te che ti permettono di Risolverle nel migliore dei modi.

SEGRETO n. 22: Tutti noi possediamo queste risorse, e faremo bene ad usarle sempre, in ogni occasione, per dare il meglio di noi anziché tenerle nascoste, altrimenti è come avere un tesoro e non esserne a conoscenza.

Ecco un elenco delle tue risorse personali ad ogni livello: Spirituale, psicologico, relazionale e fisico:

Risorse Spirituali: l'Umiltà, la Fede, i Valori, l'Altruismo, la Compassione, la Concentrazione, la voglia di Aiutare gli altri, la forza interiore, il desiderio di Evolversi Interiormente, la Ricerca della Verità, l'introspezione, il sentirsi Uniti a tutti i popoli, chiedersi qual è la nostra Missione nella vita (la Mission), riflettere sulla propria Visione della vita (la Vision)

Risorse Psicologiche: la memoria, la simpatia, l'ottimismo, la perseveranza, la sensibilità, la grinta, la testardaggine, la creatività, la capacità di decidere, la voglia di non arrendersi mai, la fantasia, la capacità di risolvere i problemi, la tenacia, la pazienza, la capacità di analizzarsi, la capacità di ammettere i propri errori, l'umorismo

Risorse Relazionali: facilità a comunicare con gli altri, capacità di relazionarsi con le persone, potere di seduzione, capacità ad unire un gruppo, carisma, tendenza ad essere un leader, saper ascoltare gli altri, l'estroversione, l'Empatia

Risorse Fisiche: velocità, forza, resistenza fisica, dinamicità, armonia dei movimenti, prontezza di riflessi, sensualità

Tu puoi usare ognuna di queste risorse di cui sopra, ed anche altre che non trovi nell'elenco che ho fatto, ogni qual volta devi risolvere una situazione intricata.

Anche durante un conflitto di coppia puoi utilizzare ognuna di queste risorse per trovare una soluzione al conflitto stesso, ok?

Per trovare facilmente la risorsa più adatta al problema che ti si pone davanti puoi cercarla attraverso le cosiddette "domande potenzianti" di cui ti ho parlato in uno dei capitoli dell'ebook.

SEGRETO n. 23: Per trovare facilmente la risorsa più adatta al problema che ti si pone davanti puoi cercarla attraverso le cosiddette "domande potenzianti".

Ti ricordo brevemente i 2 tipi di domande studiate in pnl:

- Le **domande Potenzianti** (che sono quelle costruttive, produttive, efficaci)
- Le **domande limitanti** (che sono quelle distruttive, improduttive e non efficaci)

Siccome le domande potenzianti sono quelle che **"focalizzano la**

tua attenzione verso il Risultato di ciò che vuoi ottenere", sono queste le domande che puoi usare per accedere alle tue Risorse personali.

Ad esempio quando ti chiedi "Cosa devo fare per essere ascoltato di più dal mio partner?" (domanda potenziante), in quel momento la tua mente sarà diretta subito verso la Soluzione che vuoi trovare, cioè "l'essere ascoltato dal partner", cercando dentro di te le risposte più adatte per Raggiungere il tuo obiettivo.

Oppure se noti che il tuo partner ti ascolta poco, invece di chiederti:

"perché non mi ascolta mai?" (domanda limitante)

chiediti invece: "cosa posso fare per farmi ascoltare di più dal mio compagno/a?" (che è una domanda potenziante)

Se vedi che vuole aver sempre ragione in ogni diverbio invece di domandarti:

"perché vuole avere sempre ragione lui/lei?"

Chiediti invece: "come posso aiutarlo ad interessarsi anche di come la penso io?"

Se senti che il tuo partner comunica poco con te negli ultimi tempi, invece di chiederti:

"perché mai non mi parla più come una volta?"(domanda limitante)

Chiediti invece: "cosa posso fare per aiutarlo a comunicare di più con me?" (domanda potenziante)

Trasformando quindi le domande limitanti in domande potenzianti, come negli esempi che ho riportato sopra, la tua mente ed in particolare la tua attenzione si dirigerà verso una Soluzione per Risolvere quel particolare problema di coppia che state attraversando.

Per trovare una soluzione dovrai attingere ad una o più di una risorsa personale, quella più adatta a risolvere quel conflitto che state attraversando.

Ecco alcune domande utili e costruttive per trovare le tue risorse personali più adatte a risolvere quel problema di coppia:
a quali risorse devo attingere per fargli cambiare idea? Rispondi:
....
....

Qual è la mia qualità migliore che posso utilizzare per risolvere questo conflitto?

....

....

A quale mia dote particolare devo attingere per risolvere questa situazione?

....

....

....

....

Quale di queste infinite risorse che ho dentro di me posso usare per Migliorare il nostro rapporto di coppia?

....

....

....

Come può essermi utile in pratica ogni mia Risorsa Personale ed in particolare quella che ho scelto, per Superare quel conflitto che sto affrontando assieme alla mia dolce metà?

....

......

Facendoti queste domande potenzianti e rispondendo per iscritto verrai diretto subito verso la Risoluzione della difficoltà che state vivendo per trarne il migliore beneficio.

Se solo tu potessi immaginare le **risorse che possiedi**, so solo tu ti rendessi conto dei **vantaggi** che potresti trarne, so che mentre leggi questo capitolo ti stai chiedendo come tutto ciò che hai letto potrà esserti utile nel tuo caso particolare, e mentre te lo chiedi potresti cominciare a crederci ed a pensare: perché non provarci?

So che nel tuo rapporto di coppia puoi andare incontro ad alcune difficoltà che potrai **risolvere benissimo** adottando queste **domande potenzianti** ed attingendo alle tue **risorse personali,** anche a quelle che non credevi di possedere, e non so con esattezza a quali risorse farai affidamento d'ora in poi, ma quello che so è che la tua mente inconscia sa più di te quale sia **la maniera giusta per trovare quella risorsa più adatta** alla tua situazione, e tu sai già di quale sto parlando, e mentre ci pensi puoi sentire dentro di te **una sensazione** bellissima simile a quella di speranza che ti assale d'improvviso, voglio che tu impari a trovare **le soluzioni che cerchi**, desidero che tu trovi al più presto la risorsa personale più adatta al problema che stai affrontando, tu davvero lo saprai quando sarai pronto per farlo, se tu **hai imparato a risolvere le varie difficoltà** che hai avuto in passato, piccole o grandi che siano, di conseguenza puoi usarle anche oggi per risolvere eventuali difficoltà che possono capitarti col tuo partner, **tu puoi risolvere quel conflitto ora** tanto quanto sei pronto ad **impegnarti per riuscirci**, e mentre continui a leggere so che **dentro di te qualcosa sta cambiando** e tu sai di cosa sto parlando, presto potrai accorgerti di come **puoi migliorare il tuo rapporto di coppia** e di come **puoi far stare bene il tuo compagno o la tua compagna** e te stessa/o.

Tutti possediamo queste risorse, anche tu hai delle **competenze** di cui non sempre ti rendi conto che possono esprimersi e venire alla luce in qualsiasi momento: **potenzialità, capacità, conoscenze, abilità, ricordi, attitudini personali, pensieri, sensazioni, sentimenti** che a volte sono dimenticati completamente o in parte dalla mente conscia, sono però a disposizione della tua mente inconscia e possono essere ripresi ed utilizzati ogni volta che lo vorrai, adesso o in futuro, in qualsiasi momento tu sei pronto a farlo. Ora se ti stai chiedendo come puoi fare, allora stai già dirigendo la tua attenzione verso la Soluzione che stai cercando, puoi anche chiederti quale di quelle risorse che possiedi userai per prima, e mentre pensi a questo sei già sulla strada giusta ed hai già fatto un passo avanti, non so se userai prima una risorsa psicologica o relazionale, fisica o Spirituale, ma la tua mente profonda sa già qual è la tua risorsa più giusta per il problema che vuoi risolvere, non so se ti rendi conto che la tua mente inconscia sta già lavorando per questo, non so se sei già cosciente del fatto che qualcosa sta cambiando dentro di te, qualcosa che ti permetterà di iniziare il cammino verso un Miglioramento. Mi chiedo quale sarà il tuo prossimo passo e sto riflettendo su quali siano le tue sensazioni in questo momento.

Pensando alle cose che stai imparando qui adesso, puoi già immaginare un momento futuro in cui hai già risolto il conflitto e ti starai godendo la tranquillità e la Serenità assieme al tuo compagno/a.

Ti stai già domandando quali possono essere le risorse che in questo momento ti possono servire? Forse è "**l'umorismo**" di cui hai bisogno adesso per stemperare momenti troppo litigiosi o per non prendere sul serio ogni piccola difficoltà della vita, forse hai bisogno di "**confidarti**" e di "**comunicare**" di più col tuo partner perché parlate poco ed il silenzio prolungato può far crescere una barriera invisibile tra di voi, se invece il tuo partner ti rimprovera di non ascoltarla/o mai, sarà "**la capacità di ascoltare**" la qualità che dovrai utilizzare, nel caso lui o lei avesse un carattere complesso e difficile, allora hai bisogno di attingere alla "**pazienza**" che eviterà di farti prendere decisioni e comportamenti affrettati ed impulsivi nei suoi confronti, se invece tendi ad arrabbiarti spesso o a piangere e rattristarti anche per le piccole difficoltà quotidiane è meglio che usi la risorsa dell' "**autocontrollo**" o quella della "**gestione delle tue emozioni**", se invece lasci sempre che sia lei o lui a scegliere su cosa fare anche per i piccoli imprevisti, sarà la "**capacità decisionale**" la risorsa che fa al tuo caso, se la tua dolce metà ti rimprovera spesso di non occuparti delle questioni che riguardano voi due, usa "**il tuo senso di responsabilità**", "**l'altruismo**", "**l'essere più attivo**", ok? E così via.

Cerca sempre di scegliere quella qualità ottimale al tuo caso, quella risorsa che sia la più adatta e la più giusta da utilizzare in quel momento per risolvere i piccoli o grandi conflitti di coppia.

Ora, per finire ti chiedo di prendere un quaderno e di scrivere un elenco di tutte le tue risorse, capacità, conoscenze, attitudini particolari, competenze, qualità, abilità che possiedi, in pratica tutti i tuoi migliori punti di forza.

Fai una bella e lunga lista di queste risorse, prendendo esempio da quelle che ti ho scritto nell'elenco sopra, ma aggiungendone anche altre che possiedi e che non ho scritto nella lista, inizia:

....

....

....

....

....

Adesso scegli tra queste risorse che hai scritto sopra, quella o quelle che possono servirti meglio per Risolvere un conflitto che stai affrontando in questo periodo o un problema che hai col partner:

....

....

....

....

....

Infine scrivi **"Come" quelle risorse che hai scelto possono esserti utili** per Risolvere al più presto la difficoltà che vuoi Superare facendo degli esempi pratici:

....

....

....

....

....

Porta sempre con te quelle Risorse particolari che hai scelto per rispondere in modo nuovo e più Efficace alla situazione che state vivendo. Per ultimo:

AGISCI SIN DA SUBITO

SEGRETO n.9:

- **Fai una lista delle tue Risorse personali** a tutti i livelli
- **Scegli quella o quelle** che possono esserti **più Utili** a Risolvere

quella temporanea difficoltà attuale

- Per riuscirci **usa le "Domande potenzianti"**, cioè quelle che si focalizzano verso la Soluzione di un problema

- Scrivi poi **"Come" quelle Risorse che hai scelto possono esserti utili** per Migliorare il vostro rapporto di coppia, facendo degli esempi pratici.

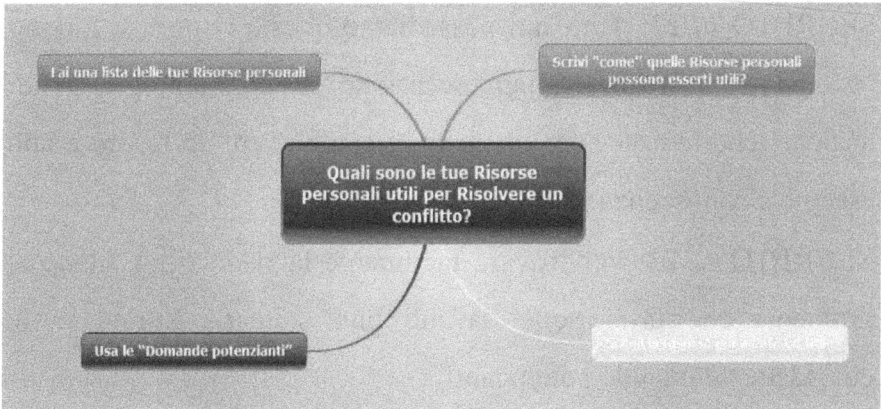

RIEPILOGO DEL CAPITOLO 8:

- SEGRETO n. 21: Ognuno di noi possiede delle risorse personali, anche tu, la differenza tra coloro che riescono a superare un problema ed altri che non vi riescono è che i primi utilizzano queste risorse nel migliore dei modi ogni volta che ne hanno bisogno, gli altri non le utilizzano perchè non credono di possederle.

- SEGRETO n. 22: Tutti noi possediamo queste risorse, e faremo bene ad usarle sempre, in ogni occasione, per dare il meglio di noi anziché tenerle nascoste, altrimenti è come avere un tesoro e non esserne a conoscenza.

- SEGRETO n. 23: Per trovare facilmente la risorsa più adatta al problema che ti si pone davanti puoi cercarla attraverso le cosiddette "domande potenzianti".

CAPITOLO 9:
Come puoi motivarti per migliorare la tua relazione?

"Dobbiamo diventare il cambiamento che vogliamo vedere"
Mahatma Gandhi

A volte il rapporto di coppia va bene, a volte ha delle difficoltà, certe volte si generano conflitti o piccole crisi temporanee, attraverso cicli ricorrenti come in ogni settore ed in ogni aspetto della vita.

Ma a prescindere dal fatto che la tua relazione sia scivolata in basso o che stia per cadere nella routine quotidiana perdendo l'entusiasmo e la passione di una volta, che sia in una botte di ferro e che stia scricchiolando come un tavolo che sta per cadere, hai mai pensato che potresti fare qualcosa per Migliorarla giorno dopo giorno? Hai mai pensato che potresti prevenire eventuali conflitti futuri e che potresti arricchirla oggi in ogni suo aspetto?

117

A cosa pensi quando vuoi realizzare un cambiamento nel tuo rapporto di coppia? Ti senti motivato a farlo o pensi che sia troppo difficile o addirittura inutile?

SEGRETO n. 24: Uno degli ostacoli più grandi che puoi trovare in ogni cambiamento che vuoi realizzare nella vita, e quindi anche quando vuoi Migliorare il rapporto col tuo partner, è la mancanza di motivazione.

Un vecchio detto recita: "tra il dire ed il fare c'è di mezzo il mare". Forse non sempre è così ma ti è mai capitato di voler fare qualcosa ma di continuare a rimandare? Sia per pigrizia, per indecisione, per sfiducia in sé stessi o per mancanza di motivazione?

SEGRETO n. 25: La Motivazione è come un propulsore che ti dà tanta energia, e che ti spinge a fare qualcosa per raggiungere un risultato.

Ma come puoi ottenere tutto questo?

Quando ripeti a te stessa/o: "lo farò domani", "ci penserò più il là", "oggi non ho voglia", "in questo momento non me la sento" "non credo di farcela", e così via, ecco che il tuo bel proposito comincia a sfumare come una barca che si allontana dalla riva.

Quello che devi fare in questo caso è di ritrovare la **"motivazione"**.

Ecco 7 consigli pratici che ti saranno sicuramente utili al fine di ritrovare la motivazione che ti mancava, sei pronta/o?

SETTE CONSIGLI PRATICI PER MOTIVARTI A CAMBIARE

1.COMINCIA COL PRIMO PASSO. Un vecchio proverbio dice: "Un percorso di 1000 miglia inizia con un solo passo". Questo profondo concetto metaforico lo puoi ritrovare in ogni obiettivo della tua vita, perché per raggiungere la tua destinazione devi muovere il tuo primo passo, così ad esempio: per svegliarti la mattina presto, alzati dal letto ed apri la finestra, non hai voglia di andare a fare la spesa? Mettiti il cappotto ed apri la porta, non hai voglia di iscriverti in palestra ma sai che ti farebbe bene? Prendi l'elenco telefonico e chiama per iscriverti, e così via. Una volta da ragazzo mi capitò davanti un libro famoso di cui avevo sentito molto parlare, lo guardai ma era grande con numerose pagine, stavo per desistere dal leggerlo quando presi il libro e mi dissi: "leggerò solo la prima pagina, se non mi piace non lo toccherò più" da quella volta non lasciai più quel libro fino a che non lo finii di leggere tutto. E' stato sufficiente **"fare il primo passo"** cioè iniziare a leggerlo per proseguire tranquillamente fino alla fine. Ogni cosa è così nella vita, inizia il primo gesto ed il resto verrà in modo naturale, come una valanga che inizia da una piccola palla di neve che rotola giù (il tuo primo passo) e poi continua finchè non raggiunge la valle (la destinazione finale).

2. SCOMPONI LA TUA META IN OBIETTIVI PIÙ PICCOLI. Il tuo obiettivo è grande ed hai bisogno di tanto tempo per raggiungerlo? Scomponilo, spezzettalo in piccoli obiettivi, in piccoli tratti da raggiungere durante il percorso, ad esempio se vuoi preparare un esame, puoi farlo leggendo 3 ore al giorno, se vuoi imparare a guidare, scomponi la parte pratica in 20 guide da mezz'ora, se vuoi raggiungere una città molto distante, puoi farlo per tappe, e così via. Nel momento in cui scomponi qualcosa in piccoli obiettivi, in piccoli passi da fare, e dividi il tempo che può volerci per ottenerlo in brevi periodi giornalieri, in quel momento "l'enorme" progetto che volevi realizzare e che paragonavi ad una montagna da scalare, diventa un breve tratto da raggiungere facilmente un pezzetto per volta, in questo modo si riduce dentro di te l'immagine gigantesca che ti sei fatto di ciò che vuoi ottenere, percependolo adesso come qualcosa di fattibile, che puoi ottenere "passo dopo passo". In questo modo la tua motivazione viene nutrita giorno dopo giorno, osservando quotidianamente i progressi che stai facendo per raggiungere la tua meta.

Ecco degli esempi: se decidi di cambiare il tuo atteggiamento verso il tuo partner perché sei troppo aggressiva/o o perché rispondi sempre male, **scomponi il tuo atteggiamento in piccole azioni** come il tuo modo di guardare, il tuo modo di parlare, il tono della tua voce, gli scatti che fai, ecc. ed impegnati almeno una volta al giorno o quando ti capita di diventare aggressiva/o a cambiare almeno "una" di queste piccole azioni in altre più piacevoli, così invece di guardare il tuo compagno/a in modo aggressivo inizia a farlo in modo tranquillo, calmo o sorridente, invece di alzare la voce usa un tono moderato, invece di fare degli scatti nervosi, muoviti semplicemente con calma e agisci in questo modo cambiando almeno uno solo di questi atteggiamenti.

3. DAI UNA SCADENZA A CIÒ CHE VUOI REALIZZARE.

Se ad esempio ti ripeti spesso: "lo farò un altro giorno", "finirò quel lavoro la prossima volta", "parlerò con quella persona in un'altra occasione", non farai altro che giustificarti e rimandare sempre quello che potresti fare subito. Invece quando dai una scadenza ai tuoi obiettivi, questo ti metterà fretta e ti stimolerà ad agire, ti darà una forte motivazione a "fare" anziché a "rimandare". Quando ti imponi una scadenza, il senso di urgenza e la fretta risvegliano in te la motivazione a metterti all'opera ed il gioco è fatto.

4. CONTROLLA I PASSI CHE HAI FATTO OGNI GIORNO. Metti per iscritto ogni piccolo risultato che hai ottenuto quotidianamente, ogni piccola trasformazione che hai generato dentro di te o nel tuo rapporto, e scrivilo sul tuo quaderno degli esercizi. Ogni volta che fai anche solo un piccolo passo avanti e lo scrivi e lo rileggi sul tuo quaderno, questo ti gratifica e ti motiva ad andare avanti sempre di più, in pratica **monitorando le tue piccole vittorie quotidiane**, sarai spinto ad

andare avanti, a continuare, come un'onda che non si ferma mai fino a che non ha raggiunto la riva. Scrivere su carta ogni piccolo cambiamento che hai ottenuto è molto importante perché ti permette di identificare bene e di ricordarti ogni tuo piccolo risultato quotidiano che crea in te una forte motivazione. **Ecco qualche esempio**: se sei solito comunicare troppo poco con la tua donna, scrivi sul quaderno tutte le volte che ti sei impegnato a parlare di più con lei e per quanto tempo l'hai fatto, oppure se ti butti giù di morale ogni volta che devi affrontare una difficoltà di coppia, scrivi cosa stai facendo per cambiare questa situazione, ad esempio puoi pensare che non serve a nulla (e questo ti motiva a non abbandonarti alla tristezza) o che facendo così peggiori le cose, o che è giusto fare di tutto per Superare le difficoltà perché ci saranno sempre nella vita, io penso spesso che uno dei motivi per cui esistono le difficoltà è quello di Vincerle, non trovi?

5. SCRIVI ALMENO 4 "MOTIVI" PER CUI VUOI RAGGIUNGERE QUELL'OBIETTIVO. Un obiettivo senza uno scopo è come svolgere un compito senza sapere perché lo stai facendo. Come potrai motivarti a fare qualcosa senza conoscerne il motivo? Come potrai essere spinto a continuare a svolgere

un'attività senza sapere il perché lo stai facendo? Fare qualcosa meccanicamente senza uno scopo non ti motiverà affatto, invece è proprio **il perché** che genera una forte motivazione a continuare qualcosa, ad esempio: "voglio andare 2 giorni in quella località per far felici i miei bambini", "**voglio migliorare il mio rapporto per ridare serenità e tranquillità alla mia compagna ed a me**", "desidero riappacificarmi al più presto con mio marito per ritrovare assieme felicità ed entusiasmo". Il "**perchè**", cioè lo **scopo finale** di ciò che desideri ti aiuta a Motivarti ad agire, **Focalizza in modo preciso i BENEFICI** che il Cambiamento ti darà e che darà al tuo partner, enfatizzandone i lati Positivi. Ora scrivi sul tuo quaderno almeno 4 motivi per te importanti per cui vale la pena raggiungere quell'obiettivo che desideri realizzare nel tuo rapporto.

- – il primo motivo è

....

...

- – il secondo motivo è

....

...

- • - il terzo motivo è

....

...

- • – il quarto motivo è

....

...

6. IMMAGINA VIVIDAMENTE CIÒ CHE OTTERRAI.

Crea nella tua mente un'immagine vivida, come fosse reale, di ciò che otterrai dal tuo rapporto di coppia una volta che avrai fatto quel cambiamento che ritieni importante fare, e rispondi a queste domande:

- • Come ti sentirai?

....

....

- • Che risultati avrai ottenuto?

....

....

- Chi potrà ottenere beneficio da questo?

....

....

- Come Migliorerà il tuo rapporto di coppia?

....

....

- Cosa sperimenterai quando avrai raggiunto quello che volevi?

....

....

- Il Cambiamento che vuoi ottenere è in Armonia coi tuoi
  Valori personali?

....

....

Quando immagini vividamente ciò che vuoi realizzare, questo ti darà una forte Motivazione per andare avanti.

SEGRETO n. 26: Ciò che vuoi creare nella tua vita, immaginala prima in modo concreto nella tua mente.

Ad esempio puoi immaginare te ed il tuo partner comunicare in armonia e in sintonia tra di voi, o ridere e scherzare assieme se è questo che vuoi raggiungere, o mentre vi ascoltate con interesse se è da tempo che volete realizzarlo, ed altro ancora.

7. IL CAMBIAMENTO DEVE ESSERE IN ARMONIA ED IN SINTONIA CON I TUOI VALORI. Ogni Obiettivo che è in conflitto con i Valori per te più importanti della vita, ti fa provare una Sensazione di malessere nel profondo che ti suggerisce che stai sbagliando e si crea quindi un conflitto, una resistenza, che ti spinge a tornare indietro sui tuoi passi.

Al contrario quando **i tuoi Obiettivi ed i tuoi Valori sono allineati, quando il Cambiamento è in Armonia coi tuoi Valori personali,** si crea un circolo virtuoso che ti permette di agire in pace con la tua coscienza per Realizzare il Cambiamento che vuoi raggiungere. **Ecco qualche esempio**: se vuoi decidere sempre tu quando si tratta di fare delle scelte per te ed il tuo compagno/a, questo sicuramente non rappresenta un rapporto alla pari e quindi non è in sintonia con i valori di rispetto, parità, importanza e riconoscimento verso il partner, oppure se perdi spesso le staffe e non fai nulla per cambiare giustificandoti che sei fatto così e che non cambierai mai, anche questo lasciarsi andare alle emozioni negative non rispecchia i valori di autocontrollo, rispetto dell'altro e altruismo.

Dopo aver preso coscienza di questi sette elementi che possono darti una forte motivazione ad agire, a fare qualcosa per trasformare in meglio la tua relazione con la tua dolce metà, mettili in pratica sin da subito, non ti senti motivato per questo? Allora leggi i sette punti che ho scritto sopra :-)
Come un piccolo cerchio di un lago che si espande all'infinito quando butti in acqua un sassolino, così puoi espandere il cerchio degli obiettivi che vuoi ottenere nel tuo rapporto di coppia attraverso piccoli passi quotidiani.

Scrivi sul quaderno la risposta a questa domanda:
"Che Cambiamento vuoi Realizzare nella tua relazione?"
....
....

Ecco alcuni esempi pratici:
- Puoi cambiare un atteggiamento ostile che hai di solito

- Modificare il tono della tua voce per dire qualcosa a tua moglie

- Guardarlo negli occhi mentre gli parli se non lo fai quasi mai e se questo lo fa arrabbiare

- Abbracciarlo ogni giorno almeno una volta o fargli un gesto affettuoso

- Dirle una bella frase calorosa se questo fa piacere a tua moglie e non lo fai quasi mai

- Allenati ogni giorno ad ascoltarla senza interromperla, è un allenamento che ti aiuterà a riuscirci e ad evitare litigi

- Se hai la tendenza a fare il musone, impara a sorridere più spesso, almeno 4 volte al giorno

- Usa più umorismo almeno una volta al giorno, per sdrammatizzare ogni momento difficile

- Trova uno spazio durante la giornata o almeno una o 2 volte a settimana per fare qualcosa assieme che vi fa stare bene e vi dia Serenità.

- Chiedi ogni tanto alla tua donna di cosa ha bisogno, per farla sentire che le sei vicina.

- Chiedile/gli come puoi farla/lo felice e fai di tutto per riuscirci

- Fatevi le coccole quando ne avete bisogno

- Ogni giorno scrivi sul quaderno cosa c'è di Positivo nel tuo rapporto

- Ogni giorno scrivi cosa hai imparato da lei o da lui

Rispondi a questa domanda finale:

"Se tu fossi Sicuro di non poter fallire che cosa faresti?"

....

....

....

....

SEGRETO N.10:

1.Comincia col **primo passo**

2. **Scomponi** la tua meta **in obiettivi più piccoli.**

3. **Dai una scadenza** a ciò che vuoi realizzare

4. **Controlla i passi** che hai fatto giorno per giorno, monitorizzali

5. **Scrivi almeno 4 "motivi"** per cui vuoi raggiungere

quell'obiettivo

6. Immagina vividamente i Risultati che otterrai

7. Il Cambiamento deve essere in Armonia ed in Sintonia con i tuoi Valori

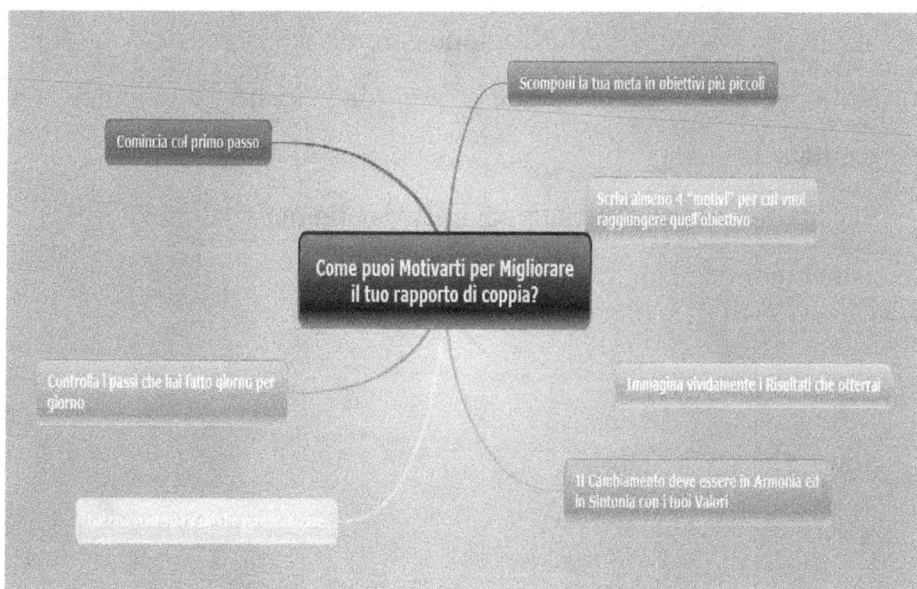

RIEPILOGO DEL CAPITOLO 9:

- SEGRETO n. 24: Uno degli ostacoli più grandi che puoi trovare in ogni cambiamento che vuoi realizzare nella vita, e quindi anche quando vuoi Migliorare il rapporto col tuo partner, è la mancanza di motivazione.

- SEGRETO n. 25: La Motivazione è come un propulsore che ti dà tanta energia, e che ti spinge a fare qualcosa per raggiungere un risultato.

- SEGRETO n. 26: Ciò che vuoi creare nella tua vita, immaginala prima in modo concreto nella tua mente.

Conclusione

In questi 9 capitoli ho cercato di approfondire 9 argomenti essenziali riguardanti la coppia, 9 aspetti attraverso la cui analisi e l'approfondimento tu possa fare veramente la differenza per Migliorare la qualità del tuo rapporto e per Vincere o prevenire eventuali conflitti.

Ti ricordo brevemente i 9 argomenti:

- 1.Il Ruolo che hai nel rapporto

- 2.Gli aspetti Positivi del tuo rapporto

- 3.Cosa hai imparato dalla tua relazione

- 4.Come puoi esprimere al meglio le tue emozioni

- 5.Osserva il tuo rapporto da un'altra prospettiva

- 6.L'importanza dell'autostima per il tuo rapporto

- 7.La Comunicazione

- 8.Le tue Risorse personali

- 9.Come puoi Motivarti ad agire

Ricordati che questo è un ebook pratico, quindi affinchè tu possa ottenere dei Risultati intesi come Cambiamenti e Miglioramenti di te, dei tuoi aspetti personali e della tua relazione di coppia, devi impegnarti a Mettere in pratica le tecniche ed i metodi che ho esposto sopra.

La "tecnica delle domande" è Semplice, Costruttiva ed Efficace perché mette in moto la tua parte Creativa che ti aiuterà a trovare le risposte Migliori, quelle più adatte alla tua situazione attuale per trovare una Soluzione a ciò di cui hai bisogno.

Inoltre puoi condividere gli esercizi di cui ti ho parlato in questi capitoli col tuo compagno o con la tua compagna affinchè assieme possiate realizzare ciò che volete.

L'unione fa la forza dice un proverbio, ma non preoccuparti, se per il momento il tuo partner non vuole partecipare o non si sente ancora pronto per agire, puoi farlo tu, perché il sistema "coppia" ottiene lo stesso un cambiamento anche quando è un solo partner a darsi da fare, a mettersi in moto per ottenere qualcosa all'interno della relazione.

Così come un disegno può assumere un altro aspetto se vi inserisci un puntino di un colore diverso, così come un brano musicale sembra diverso se vi aggiungi una sola nota, e così come un mosaico sembra qualcos'altro se togli o aggiungi un pezzetto all'interno di esso, così anche la relazione di coppia può assumere un altro aspetto, un aspetto Migliore anche se sarai solo tu a fare un piccolo cambiamento come ti ho indicato precedentemente.

Un piccolo cambiamento all'interno del rapporto svolto in modo "Costante" e "Regolare" per un periodo medio o lungo è meglio di un grande cambiamento effettuato una sola volta e poi lasciato da parte.

La parola chiave dunque è:

**AGISCI SIN DA SUBITO
ED IN MODO COSTANTE E REGOLARE**

Bibliografia

Anthony Robbins: Come Ottenere il Meglio da Sé e dagli Altri, editore Bompiani

Anthony Robbins: Come Migliorare il proprio stato mentale, fisico, finanziario ed. Bompiani

Nathaniel Branden: i 6 pilastri dell'autostima edizioni tea

John Grinder, Richard Bandler: La Metamorfosi Terapeutica ed. astrolabio

Richard Bandler, Owen Fitzpatrick: Pnl è libertà ed. Alessio Roberti

Roberto Re: leader di te stesso ed. Mondadori

Alexander Lowen: il linguaggio del corpo ed. Feltrinelli

Alexander Lowen: bioenergetica ed. Feltrinelli

www.ingramcontent.com/pod-product-compliance
Lightning Source LLC
Chambersburg PA
CBHW052137270326
41930CB00012B/2917